FRANZISKA SCHWEIGER

Die Alle Jahre wieder Zimtstern & Vanilleduft

Weihnachts-Bäckerei

100
0
10
20
30
90
1
2

FRANZISKA SCHWEIGER

Die Alle Jahre wieder Zimtstern & Vanilleduft

Weihnachts-Bäckerei

FOTOS: ANKE SCHÜTZ

QUALITÄTS G|U GARANTIE

DIE GU-QUALITÄTS-GARANTIE

Wir möchten Ihnen mit den Informationen und Anregungen in diesem Buch das Leben erleichtern und Sie inspirieren, Neues auszuprobieren. Bei jedem unserer Bücher achten wir auf Aktualität und stellen höchste Ansprüche an Inhalt, Optik und Ausstattung. Alle Rezepte und Informationen werden von unseren Autoren gewissenhaft erstellt und von unseren Redakteuren sorgfältig ausgewählt und mehrfach geprüft. Deshalb bieten wir Ihnen eine 100%ige Qualitätsgarantie.

Darauf können Sie sich verlassen:
Wir legen Wert darauf, dass unsere Kochbücher zuverlässig und inspirierend zugleich sind.
Wir garantieren:

- dreifach getestete Rezepte
- sicheres Gelingen durch Schritt-für-Schritt-Anleitungen und viele nützliche Tipps
- eine authentische Rezept-Fotografie

Wir möchten für Sie immer besser werden:
Sollten wir mit diesem Buch Ihre Erwartungen nicht erfüllen, lassen Sie es uns bitte wissen! Nehmen Sie einfach Kontakt zu unserem Leserservice auf. Sie erhalten von uns kostenlos einen Ratgeber zum gleichen oder ähnlichen Thema. Die Kontaktdaten unseres Leserservice finden Sie am Ende dieses Buches.

GRÄFE UND UNZER VERLAG
Der erste Ratgeberverlag – seit 1722.

KV

Inhalt

Mein kleines Weihnachtswunder

Wenn ich der Nikolaus wäre, würde ich nicht durch den Kamin kommen wollen. Sondern viel lieber durch den Backofen! Wenn es einen Ort gibt, an dem in der Vorweihnachtszeit noch richtige kleine Wunder geschehen, dann ist das in der Küche am Ofen, an diesem herrlich gemütlichen Ort. Nur ein Backofen bringt das Kunststück fertig, aus kalten, flachen Teigstücken wie von Zauberhand wohlig duftende Köstlichkeiten entstehen zu lassen.

Das Wundersame daran ist, dass dabei auch etwas mit den Menschen geschieht, die am Ofen werkeln. Spätestens in dem Moment, wenn der Duft der Weihnachtsplätzchen zum ersten Mal die Küche erfüllt, wird nicht nur der Appetit auf die kleinen Naschereien geweckt, sondern auch manche Erinnerung – an jene Momente, in denen wir uns als Kind geborgen und aufgehoben fühlten.
Für mich wird diese Erinnerung wohl für immer mit der Küche meiner Oma in Rosenheim verbunden sein. Als Mädchen habe ich jeden Nachmittag bei ihr verbracht. Es war meine Oma, die mir zum ersten Mal gezeigt hat, dass ein handgemachter Teig etwas Wunderbares ist. Sie hat mir die Erfahrung geschenkt, mit den eigenen Händen zaubern zu können. Ich stellte mich neben sie und guckte mir bei ihr ab, wie man Teig knetet und rührt, Plätzchen aussticht und verziert. Von ihr stammen viele der Rezepte, die ich aus unserem Familienschatz in diesem Adventsbackbuch für Sie zusammengestellt habe.

Ich glaube, letztlich verdanke ich es meiner Oma und meiner kreativen Mama, dass ich den Entschluss fasste, Konditorin zu werden. Seither kann ich jeden Tag aufs Neue erleben, wie mein Backofen kleine Wunder vollbringt. Und weil ich finde, dass man Wunder das ganze Jahr über gut gebrauchen kann, backe ich meine Plätzchen sogar selbst dann, wenn Weihnachten gar nicht vor der Tür steht. Vielleicht haben Sie ja Lust, es mir nachzumachen? Das wäre für mich fast so etwas wie: Weihnachten!

Herzlich, Ihre

Es duftet nach Weihnachten

GEWÜRZE SIND WIE GESCHENKE: IN IHREM INNEREN VERBIRGT SICH EIN SCHATZ, VON DER NATUR UMHÜLLT. WENN MAN SIE ÖFFNET, NIMMT MAN IHR GEHEIMNIS WAHR: EINEN WOHLRIECHENDEN, WÄRMENDEN DUFT!

Pimentkörner

Christoph Kolumbus entdeckte den Piment in Amerika. Die Körner lassen sich so leicht mörsern wie Pfeffer. Sie schmecken aber nicht scharf, sondern nach Muskatnuss, Zimt und Nelken. Deshalb nannte man Piment früher »Allgewürz«.

Tahiti-Vanille

Vanilleschoten sind die Früchte einer Kletterorchidee. Tahiti-Vanille ist eine eigene Sorte. Ihr Aroma zeichnet sich durch blumige Noten aus, die durch Zucker und Butter besonders zum Tragen kommen.

Gewürznelken

Gewürznelken kaufe ich immer im Ganzen. Ihr ätherisches Öl ist sehr flüchtig. Deshalb mörsere ich sie meist erst kurz vor Gebrauch und gebe die Menge durch ein feines Sieb zum Teig.

Rosa Pfefferkörner

… sind im botanischen Sinne kein Pfeffer. Ihr ätherisches Öl ist vielschichtig – es enthält sogar eine Spur Zucker. Hinzu kommen Blütennoten und ein Hauch Eukalyptus. Kein Wunder, dass die Beeren gut mit Schokolade harmonieren!

Mein Lebkuchengewürz

Zutaten: 2 g Sternaniszacken, 1 g Anissamen, 1 g Korianderkörner, 1 ½ g Kardamomkapseln, 1 g Fenchelsamen, 1 g Gewürznelken, ½ g Pimentkörner, ½ g Muskatblüte (Macis), 2 Prisen frisch geriebene Muskatnuss, 2 g Ingwerpulver, 6 g Zimtpulver

Zubereitung: Gewürze abwiegen (Digitalwaage!). Die ganzen Gewürze im Mörser fein mahlen (am besten getrennt, dann geht es einfacher), in einer Schüssel mischen und nochmals fein sieben. Zuletzt Muskatnuss, Ingwer und Zimt dazugeben. Das Lebkuchengewürz luftdicht verschließen und kühl und dunkel aufbewahren. Am besten nur kleine Mengen zubereiten, damit sich die feinen ätherischen Gewürzaromen nicht so schnell verflüchtigen.

Kardamomkapseln

Kardamom zählt botanisch zu den Ingwergewächsen. Im Orient kauft man ihn immer im Ganzen. So mache ich das auch gern und mörsere die Kapseln ganz frisch.

Schoko, Nuss und Mandelkern...

... SIND VERFÜHRUNGSKÜNSTLER, DIE IN DER WEIHNACHTSZEIT ALLE REGISTER ZIEHEN: SIE HAUCHEN DEN PLÄTZCHEN SEELE EIN, GEBEN IHNEN KNACKIGKEIT UND BISS UND JENEN SEIDIGEN SCHMELZ, DEM KEINER WIDERSTEHEN KANN.

Mandeln

Für einige meiner Rezepte verwende ich ungeschälte Mandeln, die ich kurz vor Gebrauch selbst mahle. Die würzige Schale trägt mit dazu bei, den Plätzchen ein intensives Mandelaroma zu verleihen. Geschälte Mandeln kaufe ich gleich gemahlen, sie lassen sich nur schwer selbst mahlen.

Pistazien

... gibt es bei uns grob gehackt oder im Ganzen, mit oder ohne Schale, gesalzen oder ungesalzen. Ich verwende die ungesalzenen, mit Schale. Ihr Aroma ist frischer. Vor Gebrauch breche ich sie auf und hacke sie fein – oder verwende sie im Ganzen.

Pinienkerne

... sind die Samenkerne einer Pinienart, die am Mittelmeer wächst. Sie besitzen eine cremige Konsistenz, schmecken sahnig-mild und entwickeln beim Backen ein nussiges Aroma. Da sie ein wertvolles Öl enthalten, sollte man sie kühl aufbewahren.

Kakaopulver

Zum Backen verwendet man reines Kakaopulver ohne Zucker. Man findet es im Supermarkt bei den Backzutaten oder im Fachgeschäft. Wichtig ist, dass der Kakao entölt ist – das ist ein Zeichen hoher Qualität und wird auf den Verpackungen vermerkt.

Meine Schokoladenglasur

Zutaten: 200 g Zartbitter- oder Vollmilchkuvertüre, 20 g neutrales hochwertiges Speiseöl (alternativ Aromaöle wie Haselnuss- oder Limettenöl)

Zubereitung: Kuvertüre hacken und in eine Edelstahl- oder Porzellanschüssel geben. Wasser in einem kleinen Topf (ca. 20 cm ∅) erhitzen. Die Schüssel auf den Topf stellen, sie soll das Wasser nicht berühren. Die Kuvertüre über dem heißen Wasserdampf unter Rühren sanft schmelzen. Achtung: Wird die Kuvertüre einmal zu heiß, werden die Schokoladenkristalle zerstört und die Glasur kann nach dem Überziehen nicht mehr vollständig trocknen. Das Öl gleichmäßig in die Kuvertüre einrühren, dabei sollten keine Schlieren zu sehen sein. Das Gebäck nach dem Überziehen an einem kühlen Ort trocknen lassen.

Kuvertüre

Sie unterscheidet sich von der Schokolade durch ihren höheren Anteil an Kakaobutter. Dieser natürliche Inhaltsstoff von Kakaobohnen sorgt dafür, dass Kakao schmilzt – für Glasuren besonders wichtig!

Ausgerollt und ausgestochen

MÜRBETEIG HABE ICH SCHON ALS KIND GELIEBT, BEIM PLÄTZCHENAUSSTECHEN MIT MEINER OMA. ER HAT SO EINE ANGENEHM GESCHMEIDIGE KONSISTENZ UND IST BESTECHEND VIELSEITIG: DIE PLÄTZCHENSORTEN, DIE MAN AUS IHM MACHEN KANN, SIND FAST SO ZAHLREICH WIE DIE STERNE AM WINTERHIMMEL …

Ewigkeitsbäckerei

mit Pistazien

DIESE PLÄTZCHEN MACHEN IHREM NAMEN ALLE EHRE – SIE SIND BEREITS SEIT EINER KLEINEN EWIGKEIT TRADITION IN UNSERER FAMILIE. SCHON MEINE UROMA HAT SIE GEBACKEN.

Für den Teig

4 Eier
1 Vanilleschote
120 g Mehl
120 g gemahlene geschälte Mandeln
120 g Zucker
abgeriebene Schale von ½ unbehandelten Zitrone
1 EL Rum
120 g kalte Butter

Für die Deko

Pistazienkerne zum Bestreuen
1 Eigelb zum Bestreichen

Außerdem

Mehl für die Arbeitsfläche
Ausstecher nach Belieben, gern auch Glücksklee- oder Stempelcookie-Formen

Zubereitung: ca. 30 Min.
Kühlen: 1–2 Std.
Backen: 8–10 Min.
Für ca. 40 Stück

Für den Teig in einem kleinen Topf Wasser aufkochen lassen, 3 Eier hineingeben und in ca. 8 Min. hart kochen. Herausheben, kalt abschrecken und pellen. Die Eiweiße entfernen (anderweitig verwenden), die Eigelbe abgekühlt durch ein feines Sieb streichen.

Inzwischen die Vanilleschote längs halbieren und das Mark herauskratzen. Das Mehl sieben, mit Mandeln, Zucker, Vanillemark und Zitronenschale mischen und auf die Arbeitsfläche häufen. In die Mitte eine Mulde drücken und gekochte Eigelbe, übriges Ei und den Rum hineingeben. Die kalte Butter in Flöckchen schneiden, rundherum auf dem Mehlrand verteilen und alles mit den Händen rasch zu einem Mürbeteig verkneten. Den Teig zu einer Platte formen, in Frischhaltefolie wickeln und 1–2 Std. kühl stellen.

Den Backofen auf 165° (Umluft) vorheizen. Backpapier für mehrere Backbleche bereitlegen. Für die Deko die Pistazien fein hacken. Den Mürbeteig auf der bemehlten Arbeitsfläche ca. 5 mm dünn ausrollen und Plätzchen ausstechen. Auf die Bleche setzen, mit verquirltem Eigelb bestreichen und mit den Pistazien bestreuen. Im Ofen auf Sicht in 8–10 Min. goldbraun backen. Herausnehmen, mit dem Backpapier vom Blech ziehen und abkühlen lassen.

Verschenk-Tipp

Weil diese Kekse lange frisch bleiben, verschenke ich sie gern. Zum Beispiel in Zellophantüten mit rotem Schleifchen verpackt – hübsch zu den grünen Pistazien!

Zitronenherzen mit Cremefüllung

DAS TEIGREZEPT STAMMT VON MEINER OMA, DIE CREME VON MIR. ICH FINDE, IHRE FEINE SÄURE PASST AUSGEZEICHNET ZU DEN BUTTRIGEN PLÄTZCHEN. ICH LIEBE DIE HERZEN PUR – WER MAG, KANN SIE NOCH MIT ZUCKERGUSS VERZIEREN!

Für den Teig

3 Eier
100 g Mehl • 50 g Zucker
abgeriebene Schale von
½ unbehandelten Zitrone
50 g kalte Butter

Für die Creme

100 ml Zitronensaft
2 TL Speisestärke (7 g)
abgeriebene Schale von
1 unbehandelten Zitrone
70 g Zucker
Mark von ⅓ Vanilleschote
2 Eigelbe

Was Sie außerdem brauchen

Für den Teig in einem kleinen Topf ausreichend Wasser aufkochen lassen, die Eier hineingeben und in ca. 8 Min. hart kochen. Herausheben, kalt abschrecken und pellen. Die Eiweiße entfernen (anderweitig verwenden), die Eigelbe abgekühlt durch ein feines Sieb streichen (das können Sie auch schon am Tag zuvor vorbereiten).

Das Mehl sieben, mit Zucker und Zitronenschale mischen und auf die Arbeitsfläche häufen. In die Mitte eine Mulde drücken und die gekochten Eigelbe hineingeben. Die kalte Butter in Flöckchen schneiden und rundherum auf dem Mehlrand verteilen. Alle Zutaten mit den Händen rasch zu einem feinen Mürbeteig verkneten. Den Teig zu einer Platte formen, in Frischhaltefolie wickeln und im Kühlschrank 1–2 Std. ruhen lassen.

Profi-Tipp

Bei Backzeiten kürzer als 10 Min. behalte ich die Plätzchen im Ofen gut im Blick, damit sie ja nicht dunkel werden.

Den Ofen auf 160° (Umluft) vorheizen. Zwei Backbleche mit Backpapier auslegen. Den Teig auf wenig Mehl 3–4 mm dünn ausrollen, Herzen ausstechen und auf die Bleche setzen. Im Ofen auf Sicht in 6–7 Min. goldgelb backen. Herausnehmen, mit dem Backpapier vom Blech ziehen und abkühlen lassen.

Inzwischen für die Creme 30 ml Zitronensaft mit der Stärke glatt rühren. Übrigen Zitronensaft mit Zitronenschale, Zucker und Vanillemark aufkochen. Die angerührte Stärke unter Rühren dazugeben und mind. 5 Min. köcheln lassen. Vom Herd nehmen und die Eigelbe zügig unterrühren. Jeweils etwas Creme noch heiß auf ein Herz streichen und ein zweites Herz daraufsetzen, trocknen lassen. Zitronenherzen und übrige Füllung sind max. 1 Woche haltbar.

Außerdem

Mehl für die Arbeitsfläche
Ausstecher in Herzform (4–5 cm ∅)

Zubereitung: ca. 1 Std. 10 Min.
Kühlen: 1–2 Std.
Backen: 6–7 Min.
Für ca. 30 Stück

Lange haltbar

Spitzbuben
mit Johannisbeergelee

SPITZBUBEN SIND PLÄTZCHEN, DIE UNS EIN LEBEN LANG BEGLEITEN. IN MEINER HEIMAT ZÄHLEN SIE ZU DEN ABSOLUTEN KLASSIKERN. UND ES GIBT VIELE, DIE SO BEGEISTERT SIND, DASS SIE DAS GANZE JAHR ÜBER SPITZBUBEN BACKEN. GANZ EHRLICH, ICH AUCH …

Für den Teig
300 g Mehl
100 g Zucker
abgeriebene Schale von ½ unbehandelten Zitrone
2 Eigelb
200 g weiche Butter

Für die Deko
Puderzucker zum Bestäuben
100 g Johannisbeergelee

Außerdem
Mehl für die Arbeitsfläche
Spitzbuben-Doppelausstecher (ca. 6 cm ∅)

Zubereitung: ca. 30 Min.
Kühlen: 1–2 Std.
Backen: 8–10 Min.
Für ca. 40 Stück

Für den Teig das Mehl sieben, mit Zucker und Zitronenschale mischen und auf die Arbeitsfläche häufen. In die Mitte eine Mulde drücken und die Eigelbe hineingeben. Die weiche Butter in Flöckchen schneiden und rundherum auf dem Mehlrand verteilen. Alle Zutaten rasch zu einem Mürbeteig kneten. Den Teig zu einer Platte formen, in Frischhaltefolie wickeln und 1–2 Std. kühl stellen.

Den Backofen auf 165° (Umluft) vorheizen. Backpapier für mehrere Backbleche bereitlegen. Den Teig auf der bemehlten Arbeitsfläche ca. 4 mm dünn ausrollen, daraus in gleicher Anzahl Kreise und Ringe ausstechen und auf die Bleche setzen. Die Plätzchen im Ofen auf Sicht in 8–10 Min. goldgelb backen. Herausnehmen, mit dem Backpapier vom Blech ziehen und abkühlen lassen.

Für die Deko die Oberteile (Ringe) mit Puderzucker bestäuben. Das rote Gelee in einem kleinen Topf aufkochen und jeweils etwas heißes Gelee auf die Unterteile (Kreise) setzen, dann je ein Oberteil aufsetzen. Die Spitzbuben leicht andrücken und auf einem Kuchengitter trocknen lassen.

Gewusst wie

In drei Größen ausgestochen und mit Gelee zusammengesetzt, werden aus den Keksen Terrassen- oder Hilda-Törtchen.

Gewürzkarten
nach Omas Rezept

SCHON ALS KLEINES MÄDCHEN HABE ICH DIESE GEWÜRZKARTEN ÜBER ALLES GELIEBT. MIT EIFER HABE ICH DAMALS BEIM VERZIEREN GEHOLFEN – UND DIE KARTEN DANN EBENSO EIFRIG WEGGENASCHT!

Für den Teig
100 g Zartbitterkuvertüre
(mind. 60 % Kakaoanteil)
250 g Mehl • ½ TL Zimtpulver
¼ TL Lebkuchengewürz (Seite 9)
120 g Zucker
1 Ei • 1 Eigelb
120 g kalte Butter

Für die Deko
1 Eiweiß zum Bestreichen
100 g halbierte geschälte Mandeln
(30–40 Stück)
100 g Belegkirschen

Außerdem
Mehl für die Arbeitsfläche
1 Spielkarte
Mini-Ausstecher in Herzform

Zubereitung: ca. 30 Min.
Backen: ca. 10 Min.
Für ca. *30 Stück*

Den Backofen auf 165° (Umluft) vorheizen. Backpapier für mehrere Backbleche bereitlegen. Für den Teig die Kuvertüre fein reiben. Das Mehl mit den Gewürzen sieben, mit Zucker und Kuvertüre mischen und auf die Arbeitsfläche häufen. In die Mitte eine Mulde drücken und Ei und Eigelb hineingeben. Die kalte Butter in Flöckchen schneiden und rundherum auf dem Mehlrand verteilen. Alle Zutaten mit den Händen rasch zu einem feinen Mürbeteig verkneten.

Den Teig auf der bemehlten Arbeitsfläche 3–4 mm dünn ausrollen und mit einem scharfen Messer Plätzchen in Größe der Spielkarte ausschneiden, nach Belieben auch kleiner.

Die Teigkarten auf die Bleche setzen, für die Deko mit dem verquirlten Eiweiß bestreichen und mit den Mandelhälften verzieren. Nach Belieben die Belegkirschen halbieren und mit dem Ausstecher zu kleinen Herzen ausstechen. Die Herzen ebenfalls auf die Gewürzkarten setzen. Die Plätzchen im Ofen ca. 10 Min. backen. Herausnehmen, mit dem Backpapier vom Blech ziehen und abkühlen lassen.

Auch als Baumschmuck
sehr schön

Lange haltbar

Adventsbrezeln
mit Hagelzucker

WIE MÜRBETEIG BESONDERS KNUSPRIG WIRD? GANZ EINFACH: MAN RÜHRT HART GEKOCHTES EIGELB UNTER. DIESEN ALTEN TRICK KENNE ICH VON MEINER OMA. UND WENN ETWAS GUT IST, SOLLTE MAN ES UNBEDINGT WEITERGEBEN. FINDEN SIE NICHT?

Für den Teig
2 Eier
210 g Mehl
70 g Zucker
1 Eigelb
140 g kalte Butter

Für die Deko
1 Ei zum Bestreichen
70 g Hagelzucker oder Vanillezucker (Seite 71)

Außerdem
Mehl für die Arbeitsfläche
Ausstecher in Brezelform

Zubereitung: ca. 20 Min.
Kühlen: 1–2 Std.
Backen: ca. 10 Min.
Für ca. 30 Stück

Für den Teig in einem kleinen Topf Wasser aufkochen lassen, Eier hineingeben und in ca. 8 Min. hart kochen. Herausheben, kalt abschrecken und pellen. Die Eiweiße entfernen (anderweitig verwenden), die Eigelbe abgekühlt durch ein feines Sieb streichen.

Das Mehl sieben, mit dem Zucker mischen und auf die Arbeitsfläche häufen. In die Mitte eine Mulde drücken und gekochte Eigelbe und das rohe Eigelb hineingeben. Die kalte Butter in Flöckchen schneiden und rundherum auf dem Mehlrand verteilen. Alle Zutaten mit den Händen rasch zu einem feinen Mürbeteig verkneten. Teig zu einer Platte formen, in Frischhaltefolie wickeln und 1–2 Std. kühl stellen.

Den Backofen auf 160° (Umluft) vorheizen. Backpapier für mehrere Backbleche bereitlegen. Den Teig auf der bemehlten Arbeitsfläche 8–10 mm dünn ausrollen und Brezeln ausstechen (alternativ aus dem Teig Schnüre formen und zu Brezeln legen). Die Brezeln auf die Bleche setzen, für die Deko mit dem verquirlten Ei bestreichen und großzügig mit Zucker bestreuen. Im Ofen in ca. 10 Min. goldgelb backen. Herausnehmen, mit dem Backpapier vom Blech ziehen und abkühlen lassen.

Deko-Tipp

Der Hagelzucker sorgt hier für die richtige Brezel-Optik – gehackte Pistazien sehen aber auch toll aus!

Mürbeteigrauten
mit Schokoladenklecks

Für den Teig
300 g Mehl
100 g Puderzucker
2 EL Vanillezucker (Seite 71)
2 Prisen Salz
abgeriebene Schale von
1 unbehandelten Zitrone
2 Eigelb • 200 g kalte Butter

Für die Deko
200 g Orangenmarmelade
50 g kandierter Ingwer
(nach Belieben)
200 g Zartbitterkuvertüre
(mind. 60 % Kakaoanteil)
20 ml Haselnussöl

Was Sie außerdem brauchen

Für den Teig Mehl und Puderzucker sieben und mit Vanillezucker, Salz und Zitronenschale mischen. Auf die Arbeitsfläche häufen, in die Mitte eine Mulde drücken und die Eigelbe hineingeben. Die kalte Butter in Flöckchen auf dem Mehlrand verteilen und alles mit den Händen rasch zu einem feinen Mürbeteig verkneten. Den Teig zu einer Platte formen, in Frischhaltefolie wickeln und ca. 3 Std. kühl stellen.

Den Backofen auf 160° (Umluft) vorheizen. Backpapier für mehrere Backbleche bereitlegen. Den Teig auf der bemehlten Arbeitsfläche ca. 3 mm dünn ausrollen und ausstechen. Die Rauten auf die Bleche setzen und im Ofen auf Sicht in 7–8 Min. goldgelb backen. Herausnehmen, mit dem Backpapier vom Blech ziehen und abkühlen lassen. Inzwischen für die Deko die Marmelade ca. 1 Min. erhitzen.

Gewusst wie

Diesen Mürbeteig kühle ich etwas länger, dann wird er besonders fein und lässt sich ganz dünn ausrollen. Die Rauten in einer Blechdose am besten 1 Woche ruhen lassen – so werden sie ganz zart und weich!

Je zwei Rauten mit heißer Marmelade zusammensetzen und trocknen lassen. Den Ingwer klein hacken. Für die Glasur die Kuvertüre hacken und in einer Edelstahlschüssel über dem heißen Wasserbad schmelzen (Seite 11). Das Öl gleichmäßig in die Kuvertüre rühren, dabei sollten keine Schlieren zu sehen sein. Die abgekühlten Rauten bis zur Hälfte in die flüssige Kuvertüre tunken, nach Belieben mit Ingwer bestreuen und auf Backpapier trocknen lassen. Übrige Kuvertüre kühl aufbewahren.

Außerdem

Mehl für die Arbeitsfläche
Ausstecher in Rautenform

Zubereitung: ca. 45 Min.
Kühlen: ca. 3 Std.
Backen: 7–8 Min.
Für 40–50 Stück

Mandelringe

mit Marzipanbröseln

WAS SO EIN BISSCHEN MARZIPAN DOCH AUSMACHT! SCHON SCHMECKEN DIE STREUSEL NOCH EINE SPUR VERFÜHRERISCHER – UND WEIHNACHTLICHER!

Für den Teig

125 g Mehl • 125 g Zucker
125 g gemahlene geschälte Mandeln
1 Eigelb • 125 g kalte Butter
Saft von ½ Zitrone

Für Füllung und Deko

60 g Aprikosenkonfitüre
abgeriebene Schale von ½ unbehandelten Zitrone
35 g Marzipanrohmasse
50 g Zucker
100 g gemahlene ungeschälte Mandeln
35 g abgekühlte zerlassene Butter
1 Eiweiß zum Bestreichen

Außerdem

Mehl für die Arbeitsfläche
Ausstecher in Ringform (ca. 5 ½ cm ∅)

Zubereitung: ca. 45 Min.
Kühlen: 1–2 Std.
Backen: 2 × 12–14 Min.
Für ca. 20 Stück

Für den Teig das Mehl sieben, mit Zucker und Mandeln mischen und auf die Arbeitsfläche häufen. In die Mitte eine Mulde drücken und das Eigelb hineingeben. Die kalte Butter in Flöckchen schneiden und rundherum auf dem Mehlrand verteilen. Den Zitronensaft darüberträufeln und alles rasch verkneten. Den Teig zu einer Platte formen, in Frischhaltefolie wickeln und 1–2 Std. kühl stellen.

Den Backofen auf 170° (Ober-/Unterhitze) vorheizen. Zwei Backbleche mit Backpapier auslegen. Den Teig auf der bemehlten Arbeitsfläche ca. 3 mm dünn ausrollen, Ringe ausstechen und auf die Bleche setzen. Dabei jeweils einen Abstand von ca. 3 cm zwischen den Ringen lassen. Für die Füllung die Konfitüre mit der Zitronenschale mischen und die Hälfte der ungebackenen Ringe damit dünn bestreichen, dann einen zweiten Ring ohne Konfitüre daraufsetzen.

Für die Bröseldeko das Marzipan durch ein grobes Sieb streichen, sodass Brösel entstehen, und mit Zucker, Mandeln und Butter locker mischen. Das Eiweiß mit 2 EL Wasser verquirlen und die Ringe damit vorsichtig bestreichen. Die Ringe mit den Marzipanbröseln bestreuen und nacheinander im Ofen (Mitte) 12–14 Min. backen. Herausnehmen, mit dem Backpapier vom Blech ziehen und abkühlen lassen.

Profi-Tipp

Statt zu einer Kugel forme ich den Mürbeteig vor dem Kühlen gleich zu einer rechteckigen Platte. So kühlt er schneller und lässt sich später leichter ausrollen.

Mein ♥ Liebling

Zimtsterne

mit Marzipan

ZIMTSTERNE UND ADVENT, DAS GEHÖRT FÜR MICH EINFACH ZUSAMMEN. VERMUTLICH GEHT ES IHNEN GENAUSO – SCHLIESSLICH GIBT ES KEINE ANDERE PLÄTZCHENSORTE, DIE SO UNWIDERSTEHLICH NACH WEIHNACHTEN DUFTET!

Für den Teig

je 60 g Orangeat und Zitronat
2 Eiweiß (60 g)
75 g Puderzucker
1 TL Zitronensaft
200 g gemahlene ungeschälte Mandeln
180 g Marzipanrohmasse
1 ½ gestr. TL Zimtpulver
¼ TL Nelkenpulver
abgeriebene Schale von ½ unbehandelten Zitrone

Für die Deko

1 ½ Eiweiß • 125 g Puderzucker
½ TL Zitronensaft

Außerdem

Mehl und gemahlene ungeschälte Mandeln für die Arbeitsfläche
Ausstecher in Sternform (5 cm ∅)

Zubereitung: ca. 50 Min.
Kühlen: 1–2 Std.
Backen: 2 × ca. 25 Min.
Für ca. 50 Stück

Für den Teig Orangeat und Zitronat fein hacken, mit den übrigen Zutaten mischen und alles mit den Knethaken des Handrührgeräts verkneten. Dann den Teig auf die bemehlte Arbeitsfläche geben, kurz mit den Händen kneten und zu einer Platte formen. In Frischhaltefolie wickeln und 1–2 Std. kühl stellen.

Den Backofen auf 140° (Ober-/Unterhitze) vorheizen. Zwei Backbleche mit Backpapier auslegen. Für die Deko die Eiweiße mit dem Puderzucker und dem Zitronensaft aufschlagen.

Einen Gefrierbeutel aufschneiden, mit den Mandeln bestreuen und den Teig darauf ca. 1 cm dick ausrollen. Die Sterne ausstechen und auf die Bleche setzen. Dabei den Ausstecher zwischendurch immer wieder in warmes Wasser oder Puderzucker tauchen, damit der Teig nicht daran kleben bleibt.

Den Guss mit einem Pinsel dick auf die Sterne streichen. Die Zimtsterne nacheinander im Ofen (Mitte) ca. 25 Min. backen. Herausnehmen, mit dem Backpapier vom Blech ziehen und abkühlen lassen.

Mit-Liebe-Tipp

Die Zeit für diesen Klassiker nehme ich mir gern – meine Familie freut sich immer so darauf!

Mandelkrapferl

mit Knuspersplitter

Für den Teig
140 g Mehl
90 g gemahlene geschälte Mandeln
70 g Zucker
5 Tropfen Bittermandelaroma
140 g kalte Butter

Für Füllung und Deko
80 g Zucker • 1 EL Honig
60 g Mandelstifte
75 g Aprikosenkonfitüre
20 ml Zitronensaft
200 g Zartbitterkuvertüre
(mind. 60 % Kakaoanteil)
20 ml Haselnussöl

Was Sie außerdem brauchen

Für den Teig das Mehl sieben, mit Mandeln und Zucker mischen und auf die Arbeitsfläche häufen. In die Mitte eine Mulde drücken und das Bittermandelaroma hineingeben. Die kalte Butter in Flöckchen rundherum auf dem Mehlrand verteilen und alle Zutaten mit den Händen rasch zu einem Mürbeteig verkneten. Den Teig zu einer Platte formen, in Frischhaltefolie wickeln und im Kühlschrank ca. 20 Min. ruhen lassen.

Den Backofen auf 160° (Umluft) vorheizen. Zwei Backbleche mit Backpapier auslegen. Den Teig auf der bemehlten Arbeitsfläche ca. 3 mm dünn ausrollen, Kreise ausstechen und nebeneinander auf die Bleche setzen. Die Plätzchen im Ofen auf Sicht in 6–7 Min. goldgelb backen. Herausnehmen, mit dem Backpapier vom Blech ziehen und abkühlen lassen.

Profi-Tipp

Achtung bei heißem Karamell – vor allem, wenn man die Karamellmasse auf die Silikonbackmatte gießt!

Inzwischen für die Deko den Zucker in einem Topf langsam zu Karamell schmelzen, dann Honig und Mandeln zügig unterrühren. Die Masse sofort auf eine Silikonbackmatte streichen und abkühlen lassen, anschließend in kleine Stücke brechen. Währenddessen die Konfitüre mit dem Zitronensaft ca. 1 Min. köcheln lassen. Je zwei Plätzchen mit der Konfitüre bestreichen, aufeinandersetzen und ein drittes pures Plätzchen obenauf legen. Dann trocknen lassen.

Für die Glasur die Kuvertüre hacken und in einer Edelstahlschüssel über dem heißen Wasserbad schmelzen (Seite 11). Das Öl gleichmäßig in die Kuvertüre rühren, es sollten keine Schlieren zu sehen sein. Die kleinen »Burger« mit der flüssigen Kuvertüre überziehen und als Krone je 1 Karamellsplitter obenauf setzen. Auf Backpapier trocknen lassen.

Außerdem

Mehl für die Arbeitsfläche
runder Ausstecher (ca. 4 cm ∅)

Zubereitung: ca. 1 Std.
Kühlen: ca. 20 Min.
Backen: 6–7 Min.
Für 20–30 Stück

Fruchtschnitten
mit Honig-Nuss-Mix

FÜR SOLCHE SAFTIGEN SCHNITTEN HÄTTEN HÄNSEL UND GRETEL WOHL JEDES KNUSPERHÄUSCHEN STEHEN LASSEN. DIESES MÄRCHENHAFTE REZEPT VERZAUBERT GROSSE WIE KLEINE NASCHKATZEN!

Für den Teig
275 g Mehl • 75 g Puderzucker
1 TL Vanillezucker (Seite 71)
Salz
abgeriebene Schale von
1 unbehandelten Zitrone
2 Eigelb • 150 g kalte Butter
4 EL Aprikosenkonfitüre

Für den Belag
115 g Butter
dünn abgeschälte Schale von
1 unbehandelten Zitrone
40 g getrocknete Mango
50 g getrocknete Cranberrys
250 g gemischte Nusskerne
(z. B. Haselnuss-, Mandel-, Pinien-, Kürbiskerne)
40 g Mehl • 115 g Honig
60 g Sahne • 225 g Zucker

Zubereitung: ca. 50 Min.
Kühlen: ca. 20 Min.
Backen: ca. 40 Min.
Für *1 Backblech*
(35 × 40 cm, 50 – 60 Stück)

Für den Teig Mehl sieben und mit Puder- und Vanillezucker, 1 Prise Salz und Zitronenschale mischen. Auf die Arbeitsfläche häufen, in die Mitte eine Mulde drücken und die Eigelbe hineingeben. Kalte Butter in Flöckchen auf dem Mehlrand verteilen und alles rasch verkneten. Den Teig zu einer Platte formen, in Frischhaltefolie wickeln und ca. 20 Min. kühl stellen.

Den Backofen auf 165° (Umluft) vorheizen. Das Backblech mit Backpapier auslegen und den Teig darauf ca. 3 mm dünn ausrollen. Den Boden mit einer Gabel mehrmals einstechen und im Ofen ca. 15 Min. vorbacken. Herausnehmen, auf dem Blech ca. 5 Min. abkühlen lassen und mit der Konfitüre bestreichen.

Für den Belag die Ofentemperatur auf 175° (Umluft) erhöhen. Die Butter zerlassen. Zitronenschale klein würfeln, Mango und Cranberrys fein hacken, Nussmix grob hacken, Mehl sieben. Flüssige Butter mit Honig, Sahne und Zucker mischen und das Mehl einrühren. Zuletzt die Früchte und Nüsse unterrühren und die Masse gleichmäßig auf dem Teigboden verstreichen. Den Kuchen im Ofen ca. 25 Min. backen. Herausnehmen, kurz abkühlen lassen und noch warm in ca. 2 × 5 cm große Streifen schneiden. Auf Backpapier vollständig abkühlen lassen.

Ideal für den Nikolaus-Strumpf

Mürbeteigmonde

mit Bratapfelfüllung

BEI DIESEN PLÄTZCHEN IST DIE FÜLLUNG DER CLOU: FEINE ÄPFEL MIT RUM, MANDELN, MARZIPAN UND KORINTHEN. MAN MUSS NUR HINEINBEISSEN – UND SCHON IST MAN IN FESTTAGSSTIMMUNG.

Für die Füllung

30 g gemahlene Haselnusskerne
80 g Marzipanrohmasse
1 Eiweiß • 2 ½ EL Rum
250 g Äpfel (z. B. Boskop)
70 g geschälte Mandeln
70 g Korinthen
60 g Zucker

Für den Teig

125 g weiche Butter
1 Ei • 1 Eigelb
125 g Zucker
1 EL Vanillezucker (Seite 71)
250 g Mehl
½ Pck. Backpulver

Was Sie außerdem brauchen

Für die Füllung die Haselnüsse in einer Pfanne ohne Fett unter Rühren leicht rösten, vom Herd nehmen und abkühlen lassen. Das Marzipan mit Eiweiß und Rum glatt rühren. Die Äpfel schälen, vierteln und vom Kerngehäuse befreien. Die Viertel fein reiben und, falls nötig, in einem Sieb abtropfen lassen. Die Mandeln hacken. Die Apfelraspel mit Korinthen, Mandeln, gerösteten Haselnüssen, Zucker und Rummarzipan zu einer groben Masse mischen.

Für den Teig die weiche Butter schaumig schlagen. Ei, Eigelb, Zucker und Vanillezucker dazugeben und alles noch ca. 10 Min. gut rühren. Das Mehl mit dem Backpulver sieben, zur Buttermasse geben und zügig unterrühren. Den Teig auf der bemehlten Arbeitsfläche nochmals von Hand durchkneten, falls er zu weich ist. Dann zu einer Platte formen, in Frischhaltefolie wickeln und 1–2 Std. kühl stellen.

Mit-Liebe-Tipp

Zum Kaffeetrinken im Advent packe ich diese ungewöhnlichen Gebäckstücke gern als leckeres Mitbringsel ein!

Den Backofen auf 170° (Ober-/Unterhitze) vorheizen. Ein Backblech mit Backpapier auslegen. Den Teig auf der bemehlten Arbeitsfläche ca. 5 mm dünn ausrollen und Kreise ausstechen. Jeweils etwas Füllung auf eine Kreishälfte setzen, die andere Hälfte darüberklappen und die Ränder fest andrücken. Die Monde auf das Blech setzen, für die Deko mit dem verquirlten Eigelb bestreichen und mit Mandelblättchen bestreuen. Im Ofen (Mitte) in 15–20 Min. goldbraun backen. Herausnehmen, mit dem Backpapier vom Blech ziehen und abkühlen lassen. Dann die Monde mit Puderzucker bestäuben, sie sind max. 1 Woche haltbar.

Für die Deko

1 Eigelb zum Bestreichen
40 g Mandelblättchen
Puderzucker zum Bestäuben

Außerdem

Mehl für die Arbeitsfläche
runder Ausstecher (ca. 6 cm ∅)

Zubereitung: ca. 1 Std. 10 Min.
Kühlen: 1–2 Std.
Backen: 2 × 15–20 Min.
Für 16–20 Stück

Omas Backschatz

Spekulatius aus dem Holzmodel

SPEKULATIUS SIND EIN TRADITIONSREICHES GEBÄCK, DAS SEINEN URSPRUNG IN DEN NIEDERLANDEN HAT. IN DEN DORTIGEN HÄFEN KAMEN EINST DIE GEWÜRZE AUS DEM ORIENT AN – SIE GEBEN DEN SPEKULATIUS BIS HEUTE IHR UNVERWECHSELBARES AROMA.

Für den Teig

250 g weiche Butter
250 g Zucker
1 Ei
½ TL Zimtpulver
je 1 Msp. Nelkenpulver, gemahlener Kardamom und Ingwer
Salz
375 g Mehl

Außerdem

Mehl zum Arbeiten
verschiedene Holzmodel oder Silikonbackformen für Spekulatius
1 Eigelb zum Bestreichen (nach Belieben)

Zubereitung: ca. 30 Min.
Ruhen: ca. 12 Std.
Backen: 10–12 Min.
Für ca. 100 Stück

Am Vortag für den Teig die weiche Butter mit Zucker und Ei in einer Schüssel mit den Schneebesen des Handrührgeräts schaumig schlagen. Zimt, Nelken, Kardamom, Ingwer und 1 Prise Salz dazugeben, das Mehl darübersieben. Alles unterrühren, dann den Teig auf die bemehlte Arbeitsfläche geben und mit den Händen glatt kneten. Den Teig zu einer Platte formen, in Frischhaltefolie wickeln und zugedeckt ca. 12 Std. – am besten über Nacht – kühl stellen.

Am nächsten Tag den Backofen auf 170° (Umluft) vorheizen. Backpapier für mehrere Backbleche bereitlegen. Die Holzmodel mit Mehl ausstäuben, jeweils ein kleines Stück Teig daraufsetzen und direkt auf dem Model flach rollen. Überstehende Teigränder abschneiden. Die Spekulatius jeweils aus dem Model schlagen, auf die Bleche setzen und nach Belieben mit verquirltem Eigelb bestreichen. Alternativ vom Teig dünne Scheiben schneiden und in die Silikonbackformen drücken, nicht mit Eigelb bestreichen. Den Teig immer möglichst kühl verarbeiten.

Die Spekulatius nacheinander im Ofen in 10–12 Min. knusprig goldgelb backen. Herausnehmen, mit dem Backpapier vom Blech ziehen und abkühlen lassen.

Kann man auch
einfach ausstechen

Sternkrapfen

aus Winterhefeteig

GOLDGELB UND FRISCH AUSGEBACKEN LEUCHTEN DIESE KRAPFEN AUF DEM KAFFEETISCH MIT DEN KERZEN UM DIE WETTE. MIT IHREM FEINEN ZIMTAROMA SIND SIE IM WAHRSTEN SINNE MEINE SÜSSEN STARS IM ADVENT.

Für den Teig

500 g Mehl
30 g frische Hefe
250 ml lauwarme Milch
70 g Zucker
1 Vanilleschote
60 g weiche Butter
4 Eigelb * 2 große Prisen Salz
½ TL Zimtpulver
1 TL Lebkuchengewürz (Seite 9)

Was Sie außerdem brauchen

Für den Teig das Mehl in eine Schüssel sieben, eine Mulde hineindrücken und die Hefe hineinbröckeln. Mit 125 ml Milch, 1 TL Zucker und etwas Mehl vom Rand verrühren und zugedeckt an einem warmen Ort ca. 15 Min. gehen lassen. Inzwischen die Vanilleschote längs halbieren und das Mark herauskratzen. Dann übrige Milch, übrigen Zucker, weiche Butter in Flöckchen, Eigelbe, Salz, Zimt, Lebkuchengewürz und Vanillemark zum Vorteig geben. Alles zuerst mit den Knethaken des Handrührgeräts, dann auf der bemehlten Arbeitsfläche mit den Händen kneten. Den Teig zugedeckt nochmals ca. 35 Min. gehen lassen.

Gewusst wie

Frittierfett darf nie so heiß werden, dass es anfängt zu rauchen – das schadet dem feinen Geschmack!

Inzwischen mehrere Backbleche mit Mehl bestäuben. Den Hefeteig auf der bemehlten Arbeitsfläche kurz durchkneten und ca. 2 cm dick ausrollen. Sterne ausstechen und auf die Bleche setzen, dabei genügend Abstand zwischen den Sternen lassen. Zugedeckt nochmals ca. 25 Min. gehen lassen.

Das Frittierfett auf ca. 140° erhitzen. Mit einem Holzlöffel prüfen, ob das Fett heiß genug ist: Hält man den Stiel hinein und bilden sich daran kleine Bläschen, ist die Temperatur richtig. Die Sterne mit einer Palette nach und nach in das heiße Öl gleiten lassen und von beiden Seiten goldgelb backen. Dabei darauf achten, dass die Sterne auf der Oberseite nicht mit heißem Fett bespritzt werden, sonst gehen sie nicht schön auf. Die Sterne mit einem Schaumlöffel herausheben, kurz auf Küchenpapier abtropfen lassen und noch heiß in Zimtzucker wälzen. Am besten frisch servieren.

Für die Deko
250 g Zimtzucker zum Wälzen

Außerdem
Mehl für Arbeitsfläche und Bleche
Ausstecher in Sternform (ca. 10 cm ∅)
Fett zum Frittieren

Zubereitung: ca. 35 Min.
Gehen: ca. 1 Std. 15 Min.
Für ca. 30 Stück

Feines aus der Tülle

IM ALPENRAUM, WO ICH HERKOMME, NENNT MAN WEIHNACHTSPLÄTZCHEN OFT BUSSERL, WEIL SIE SO WEICH UND HINGEHAUCHT SIND WIE EIN KUSS. DAS KOMMT VOM LUFTIGEN BAISER- ODER MAKRONEN-TEIG, AUS DEM MAN SIE MACHT. UND NATÜRLICH VON DER LIEBE, DIE IN IHNEN STECKT …

Mein Liebling

Mandelbusserl
mit weißer Schokolade

DAS IST EIN SCHNELLES REZEPT, DAS SICH AUCH ANBIETET, WENN MAN EIN PAAR EIWEISSE ÜBRIG HAT. DURCH DIE KUVERTÜRE WERDEN DIE BUSSERL BESONDERS ZART – EIN HIMMLISCHER GRUSS AUS DER WEIHNACHTSBACKSTUBE!

Für die Masse
150 g weiße Kuvertüre
140 g gemahlene geschälte Mandeln
20 g Mehl
20 g Kokosraspel
1 TL Vanillezucker (Seite 71)
Salz
4 Eiweiß
120 g Zucker

Außerdem
100 g getrocknete Cranberrys (ca. 50 Stück)
50 g Mandelstifte

Zubereitung: ca. 35 Min.
Backen: 10–12 Min.
Für ca. 50 Stück

Den Backofen auf 175° (Umluft) vorheizen. Zwei Backbleche mit Backpapier oder Silikonbackmatte auslegen. Die weiße Kuvertüre fein reiben und mit Mandeln, Mehl, Kokosraspeln, Vanillezucker und 1 Prise Salz mischen.

Die Eiweiße mit dem Zucker mit den Schneebesen des Handrührgeräts halbsteif schlagen. Dann die Mandelmischung mit einem Teigschaber unterheben.

Die Busserlmasse in einen Spritzbeutel mit großer Lochtülle (12 mm ∅) füllen und nebeneinander etwa teelöffelgroße Häufchen auf die Bleche spritzen (alternativ mit zwei Teelöffeln arbeiten). Dabei zwischen den einzelnen Häufchen etwas Abstand lassen. Je 1 Cranberry und einige Mandelstifte oben auf die Busserl setzen. Die Busserl im Ofen 10–12 Min. backen. Herausnehmen, mit dem Backpapier oder der Silikonbackmatte vom Blech ziehen und abkühlen lassen.

Mit-Liebe-Tipp

Diese Busserl sind fix gemacht – ideal, wenn ich auf die Schnelle noch ein kleines Geschenk brauche!

Schoko-Macarons

mit Kardamom und Kaffee

Für die Ganache

200 g Zartbitterkuvertüre (mind. 60 % Kakaoanteil)
200 g Sahne
10 Kardamomkapseln
20 Kaffeebohnen
100 g weiche Butter • 3 EL Rum

Für die Macarons

150 g gemahlene geschälte Mandeln
100 g Puderzucker
3 gestr. EL Kakaopulver (entölt, 15 g)
3–4 Eiweiß (110 g)
150 g Zucker

Zubereitung: ca. 1 Std. 15 Min.
Kühlen: ca. 12 Std.
Backen: 3 × ca. 10 Min.
Für ca. *50 Stück*

Am Vortag für die Ganache Kuvertüre klein hacken und in eine Schüssel geben. Die Sahne mit Kardamom und Kaffeebohnen aufkochen, sofort vom Herd nehmen und ca. 10 Min. ziehen lassen. Dann nochmals aufkochen und durch ein Sieb auf die Kuvertüre gießen. Zugedeckt bei Zimmertemperatur ca. 12 Std. – am besten über Nacht – abkühlen lassen.

Am nächsten Tag für die Macarons den Ofen auf 200° (Ober-/Unterhitze) vorheizen. Backpapier oder Silikonbackmatten für drei Bleche bereitlegen. Die Mandeln im Blitzhacker noch feiner mahlen. Puderzucker und Kakao sieben, mit dem Mandelstaub mischen und alles nochmals sieben. Mandel-Kakao-Mischung mit 55 g Eiweiß glatt rühren. Zucker und 40 ml Wasser in einem Topf auf 118° erhitzen (Speisethermometer!). Sobald der Zucker 115° erreicht hat, das übrige Eiweiß nicht ganz steif schlagen. Den Zuckersirup in dünnem Strahl unter Rühren auf niedriger Stufe zum Eischnee geben und dann auf höchster Stufe so lange aufschlagen, bis die Masse eine Temperatur von ca. 50° erreicht hat. Zuletzt die Kakao-Eiweiß-Masse in vier Portionen unterheben.

Profi-Tipp

Nach ca. 5 Min. öffne ich kurz die Ofentür, damit Dampf entweichen kann. So werden die Macarons schön knusprig.

Die Masse in einen Spritzbeutel mit Lochtülle (10–12 mm ∅) füllen und nebeneinander kleine Tupfen (ca. 2 cm ∅) auf das Backpapier spritzen. Dabei ausreichend Abstand zwischen den Tupfen lassen. Die Macarons nacheinander im Ofen (Mitte) ca. 10 Min. backen. Herausnehmen, mit dem Backpapier oder der Silikonbackmatte vom Blech ziehen und abkühlen lassen.

Inzwischen die Ganache mit weicher Butter und Rum hell aufschlagen und in einen Spritzbeutel mit Lochtülle (ca. 12 mm ∅) füllen. Jeweils etwas Ganache auf ein Macaron spritzen und ein zweites Macaron daraufsetzen. Macarons auf Backpapier und kühl trocknen lassen, sie sind max. 1 Woche haltbar.

Lange haltbar

Amaretto-Taler
mit Bittermandel

MEIN BÄCKERINNENHERZ SCHLÄGT NICHT NUR FÜR HEIMISCHE SPEZIALITÄTEN. ADVENT OHNE DIESE ITALIENISCH INSPIRIERTEN MAKRONEN KANN ICH MIR ZUM BEISPIEL NUR SCHLECHT VORSTELLEN. ICH WETTE, SIE WERDEN SIE AUCH LIEBEN.

50 g Marzipanrohmasse
3 cl Mandellikör (z. B. Amaretto)
2 Tropfen Bittermandelaroma
abgeriebene Schale von ¼ unbehandelten Zitrone
2 Eiweiß (60 g)
150 g Zucker
170 g gemahlene geschälte Mandeln

Zubereitung: ca. 15 Min.
Backen: 3 × 10–12 Min.
Für ca. 50 Stück

Den Backofen auf 140° (Ober-/Unterhitze) vorheizen. Backpapier für drei Backbleche bereitlegen. Für die Baisermasse das Marzipan mit Likör, Bittermandelaroma und Zitronenschale glatt rühren. Die Eiweiße mit dem Zucker mit den Schneebesen des Handrührgeräts oder der Küchenmaschine halbsteif schlagen. Nacheinander unter Rühren die Marzipanmischung und die Mandeln hinzufügen.

Die Baisermasse in einen Spritzbeutel mit Lochtülle (ca. 12 mm ∅) füllen und nebeneinander 2–3 cm große Tupfen auf die Bleche spritzen. Dabei zwischen den einzelnen Tupfen etwas Abstand lassen. Die Amaretto-Taler nacheinander im Ofen (Mitte) 10–12 Min. backen, bis sie sich gut vom Backpapier lösen. Herausnehmen, mit dem Backpapier vom Blech ziehen und abkühlen lassen.

Die empfindlichen Amaretto-Taler nach dem Abkühlen sofort gut verpacken, sonst werden sie schnell weich. Am besten in Gläsern gut verschlossen aufbewahren, so halten sie eine kleine Ewigkeit.

Profi-Tipp

Manchmal muss man Eiweiß aufs Gramm genau abwiegen. Das ist wichtig, damit die Baisermasse schön fluffig wird. Mit meiner Faustregel geht das leicht:

1 Ei (Größe M) = ca. 50 g
1 Eiweiß = ca. 30 g
1 Eigelb = ca. 20 g

Bärentatzen
mit Knusperkruste

BEI DIESEN PLÄTZCHEN SOLLTEN SIE SICH GUT ÜBERLEGEN, WO SIE SIE AUFBEWAHREN – AUF UNERKLÄRLICHE WEISE ÜBERDAUERN SIE DIE ZEIT BIS ZU DEN FEIERTAGEN NÄMLICH NIE!

Für die Masse
50 g Zartbitterkuvertüre (mind. 60 % Kakaoanteil)
140 g gemahlene ungeschälte Mandeln
100 g gemahlene Haselnusskerne
2 Eiweiß (Größe L)
185 g Puderzucker
2 ½ TL Zimtpulver
4 EL Kakaopulver (entölt)

Außerdem
60 g Zucker zum Wälzen
Bärentatzenformen sowie Butter und Mehl für die Formen (nach Belieben)

Zubereitung: ca. 40 Min.
Kühlen: ca. 24 Std.
Backen: ca. 10 Min.
Für 40–50 Stück

Am Vortag für die Masse die Kuvertüre fein reiben. Mandeln und Haselnusskerne im Blitzhacker feiner mahlen. Die Eiweiße mit dem Puderzucker mit den Schneebesen des Handrührgeräts oder der Küchenmaschine halbsteif schlagen. Nacheinander unter Rühren Mandeln, Haselnüsse, Kuvertüre, Zimt und Kakao hinzufügen. Die Masse zugedeckt über Nacht im Kühlschrank durchziehen lassen.

Am nächsten Tag den Backofen auf 180° (Umluft) vorheizen. Backpapier für fünf Backbleche bereitlegen. Den Zucker auf einem flachen Teller verteilen. Aus der Masse mit angefeuchteten Händen Kugeln (ca. 2 cm ∅) formen und im Zucker wälzen. Die Kugeln auf die Bleche setzen, etwas flach drücken und mit den Zinken einer Gabel kleine Tatzen auf einer Seite einkerben. Dabei zwischen den einzelnen Tatzen etwas Abstand lassen. Alternativ die Teigkugeln in die Formen drücken, dazu diese vorher gut mit Butter fetten und mit Mehl ausstäuben.

Die Tatzen im Ofen ca. 10 Min. backen, bis sie sich vom Backpapier lösen. Herausnehmen, mit einer Palette ablösen und abkühlen lassen. Die Bärentatzen sollen außen kross und innen noch etwas klebrig sein.

Mit-Liebe-Tipp

Mit diesem Kniff schmecken meine Bärentatzen noch verführerischer: Ich nehme selbst gemachten Vanillezucker (Seite 71), mische ihn mit etwas abgeriebener unbehandelter Zitronenschale und wälze die heißen Bärentatzen darin, bevor ich sie abkühlen lasse – ein Knuspertraum!

★ ★ ★

Omas Backschatz

Anislaiberl

mit Mandarine

ZUGEGEBEN, AUF DEN ERSTEN BLICK SEHEN DIE ANISLAIBERL EHER UNSCHEINBAR AUS – NACH DEM ERSTEN BISS KANN MAN ABER NICHT GENUG VON IHNEN BEKOMMEN. MEINE ABSOLUTEN LIEBLINGE!

5 g Anissamen
½ Vanilleschote
3 unbehandelte Mandarinen
1 Ei (Größe L)
100 g Zucker
Salz
80 g Mehl
20 g Speisestärke

Zubereitung: ca. 30 Min.
Trocknen: 6–8 Std.
Backen: 12–14 Min.
Für *40-50 Stück*

Am Vortag Backpapier für mehrere Backbleche bereitlegen. Anissamen im Mörser fein zerreiben und durchsieben. Vanilleschote längs halbieren und das Mark herauskratzen. Mandarinen heiß waschen, abtrocknen und die Schale vorsichtig abreiben. Ei mit Zucker und 1 großen Prise Salz über dem heißen Wasserbad mit einem Schneebesen mind. 5 Min. zu einer warmen, hellen und dickflüssigen Masse schlagen, der Zucker soll aufgelöst sein. Dann die Masse vom Wasserbad nehmen, in eine Schüssel füllen und kalt schlagen.

Das Mehl mit Stärke sieben und in drei Portionen mit dem Schneebesen unterheben. Anis, Vanillemark und Mandarinenschale dazugeben und alles einmal mit dem Teigschaber durchrühren. Die Masse in einen Spritzbeutel mit Lochtülle (ca. 7 mm ∅) füllen und nebeneinander Tupfen (ca. 2 cm ∅) auf die Bleche spritzen. Zwischen den einzelnen Tupfen etwas Abstand lassen. In einem warmen Raum oder im offenen kalten Backofen 6–8 Std. trocknen lassen.

Am nächsten Tag den Backofen auf 140° (Umluft) vorheizen. Die Anislaiberl nacheinander im Ofen 12–14 Min. backen, bis sie sich gut vom Backpapier lösen. Herausnehmen, mit dem Backpapier vom Blech ziehen und abkühlen lassen.

Gewusst wie

Wenn ich mehrere Bleche nacheinander backe, heize ich den Ofen immer wieder kurz auf, sobald ich ein Blech herausgenommen habe. So kriegen alle Plätzchen die gleiche Hitze.

♥♥♥

Pinienkernkekse alla fiorentina

Für die Florentiner
2 unbehandelte Orangen
40 g Mehl * 100 g Pinienkerne
100 g Pistazienkerne
80 g Butter
200 g Zucker * Salz

Für die Füllung
15 g Puderzucker
60 g Pistazienkerne
100 g Marzipanrohmasse
2 cl Kirschwasser
50 g Johannisbeerkonfitüre
20 ml Zitronensaft

Was Sie außerdem brauchen

Den Backofen auf 180° (Umluft) vorheizen. Backpapier für mehrere Backbleche bereitlegen. Für die Florentiner die Orangen heiß waschen, abtrocknen und dünn (ohne das Weiße!) schälen. Die Schale in feine Streifen schneiden, die Orangen halbieren und auspressen, 50 ml Saft abmessen. Das Mehl sieben, Pinienkerne und Pistazien fein hacken.

Die Butter zerlassen, vom Herd nehmen und mit Orangensaft und -schale, Kernen, Zucker, 1 Prise Salz und Mehl verrühren. Nebeneinander mit Teelöffeln etwa teelöffelgroße Häufchen (1–2 cm ∅) auf die Bleche setzen, dabei zwischen den Häufchen jeweils einen Abstand von 4–5 cm lassen. Die Florentiner im Ofen auf Sicht 6–7 Min. backen. Herausnehmen, abkühlen lassen und vorsichtig vom Backpapier lösen.

So wünsche ich allen Buon Natale

Inzwischen den Mürbeteig wie auf Seite 20 beschrieben herstellen. Die Ofentemperatur auf 165° (Umluft) senken. Backpapier oder Silikonbackmatten für mehrere Bleche bereitlegen. Den Teig auf der bemehlten Arbeitsfläche ca. 3 mm dünn ausrollen und Kreise in der Größe der Florentiner ausstechen. Die Kekse auf die Bleche setzen und im Ofen auf Sicht in 6–8 Min. goldbraun backen. Herausnehmen, mit Backpapier oder -matte vom Blech ziehen und abkühlen lassen.

Für die Füllung alle Zutaten im Küchenmixer auf höchster Stufe fein mixen, bis die Masse so weich wie Marzipan ist. Mit einem Messer jeweils etwas Füllung auf die Kekse streichen und je 1 Florentiner daraufsetzen. Die Kekse sind max. 1 Woche haltbar.

Außerdem:

½ Rezept Mürbeteig von den Gewürzkarten (Seite 20)
Mehl für die Arbeitsfläche
runder Ausstecher (ca. 4 cm ∅)

Zubereitung: ca. 1 Std. 15 Min.
Kühlen: 1–2 Std.
Backen: 12–15 Min.
Für *30–40 Stück*

Mein ♥ Liebling

Baiserstangerl

mit Mandeln und Nüssen

DAMIT DIE KNUSPERSTANGEN NOCH FESTLICHER SCHMECKEN, WERDEN DIE NÜSSE UND MANDELN VOR DEM VERARBEITEN LEICHT GERÖSTET. DAS VERSTÄRKT IHR WARMES, KARAMELLIGES AROMA, DAS SO GUT ZUR WEIHNACHTSZEIT PASST.

Für die Masse

120 g gemahlene ungeschälte Haselnusskerne
120 g gemahlene ungeschälte Mandeln
½ Vanilleschote
3 Eiweiß
120 g Zucker
Salz
Zimtpulver
2 Tropfen Bittermandelöl

Für die Deko

120 g Puderzucker
2 TL Zitronensaft
geröstete Haselnussblättchen (nach Belieben)

Zubereitung: ca. 20 Min.
Backen: 14–16 Min.
Für 40–50 Stück

Für die Masse die Haselnüsse und Mandeln in einer Pfanne ohne Fett unter Rühren leicht rösten, vom Herd nehmen und abkühlen lassen. Die Vanilleschote längs halbieren und das Mark herauskratzen.

Den Backofen auf 120° (Umluft) vorheizen. Backpapier für mehrere Backbleche bereitlegen. Die Eiweiße mit dem Zucker mit den Schneebesen des Handrührgeräts oder der Küchenmaschine halbsteif schlagen. Nacheinander unter Rühren Haselnüsse, Mandeln sowie Vanillemark, je 1 Prise Salz und Zimt und das Bittermandelöl hinzufügen.

Die Baisermasse in einen Spritzbeutel mit Lochtülle (ca. 15 mm ∅) füllen und nebeneinander ca. 6 cm lange Stangerl auf die Bleche spritzen. Dabei zwischen den Stangen etwas Abstand lassen. Die Stangerl im Ofen 14–16 Min. mehr trocknen als backen, dabei nach 10 Min. die Backofentür einmal öffnen und den Dampf abziehen lassen. Die Stangerl herausnehmen und auf dem Blech abkühlen lassen. Für die Deko den Puderzucker sieben, mit Zitronensaft glatt rühren und die Stangerl damit noch auf dem Blech dünn bestreichen. Nach Belieben mit gerösteten Haselnussblättchen bestreuen. Trocknen lassen.

Gewusst wie

Haselnüsse röste ich auch gern im Backofen. Dafür verteile ich die Nüsse gleichmäßig auf einem Backblech und lasse sie bei 150° (Ober-/Unterhitze) mind. 10 Min. bräunen. Nach ca. 5 Min. drehe ich das Backblech dann einmal um.

Spritzgebäck
wie aus Holland

Für den Teig
300 g weiche Butter
100 g Puderzucker
1 EL Vanillezucker (Seite 71)
2 Eier • Salz
abgeriebene Schale von
1 unbehandelten Zitrone
400 g Mehl
1 gestr. TL Backpulver

Für die Deko
150 g Aprikosenkonfitüre
100 g Zartbitterkuvertüre
(60 % Kakaoanteil)
10 ml Haselnussöl

Zubereitung: ca. 45 Min.
Backen: 8–10 Min.
Für ca. 40 Stück

Den Backofen auf 175° (Umluft) vorheizen. Backpapier für mehrere Backbleche bereitlegen. Für den Teig die weiche Butter mit Puderzucker und Vanillezucker mit den Schneebesen des Handrührgeräts schaumig schlagen. Eier, 1 Prise Salz und die Zitronenschale dazugeben und alles gut unterrühren. Das Mehl mit Backpulver sieben und zügig unterrühren (nicht zu lange rühren, sonst wird der Teig zäh).

Den Teig in einen Spritzbeutel mit großer Sterntülle füllen und in »S«-Form auf die Bleche spritzen. Die Kekse im Ofen auf Sicht in 8–10 Min. goldgelb backen. Herausnehmen, mit dem Backpapier vom Blech ziehen und abkühlen lassen.

Inzwischen für die Deko die Konfitüre mit etwas Wasser in einem kleinen Topf kurz erhitzen. Je zwei Kekse mit der heißen Konfitüre zusammensetzen und trocknen lassen. Für die Deko kleine Papierspritz-

Deko-Tipp

Sie können das Spritzgebäck alternativ auch zur Hälfte in die flüssige Kuvertüre tunken.

beutel herstellen: Dafür von einem Backpapierdreieck (kurze Seite ca. 38 cm) die spitzen Ecken ineinanderdrehen, sodass eine Tüte mit geschlossener Spitze entsteht. Den überstehenden Rand nach innen falten.

Für die Glasur Kuvertüre hacken und in einer Edelstahlschüssel über dem heißen Wasserbad schmelzen (Seite 11). Das Öl gleichmäßig in die Kuvertüre rühren, dabei sollten keine Schlieren zu sehen sein. Den Papierspritzbeutel mit Kuvertüre füllen und oben gut zusammenfalten. Dann vorne knapp aufschneiden und die Kekse mit feinen Schokofäden überziehen. Das Gebäck auf Backpapier trocknen lassen.

Lange haltbar

Makronen

mit Paranüssen und Kaffee

ALLE JAHRE WIEDER … BIN ICH GANZ BEGEISTERT VON DIESEN MAKRONEN. KARDAMOM, KAFFEEPULVER UND ORANGENSCHALE GEBEN IHNEN EINE LEICHT ORIENTALISCHE NOTE. UND DIE VIELEN NÜSSE SIND BESTES NERVENFUTTER IM VORWEIHNACHTSTRUBEL!

Für die Masse

150 g gemahlene ungeschälte Paranusskerne
100 g gemahlene ungeschälte Haselnusskerne
100 g Zartbitterkuvertüre (mind. 60 % Kakaoanteil)
4 Kardamomkapseln
100 g Marzipanrohmasse
abgeriebene Schale von 1 unbehandelten Orange
6 g feiner frisch gemahlener Kaffee
4 Eiweiß (Größe L, 140 g)
100 g Zucker

Außerdem

ca. 35 Backoblaten (4 cm ∅)

Zubereitung: ca. 45 Min.
Backen: ca. 10 Min.
Für ca. 35 Stück

Den Backofen auf 175° (Umluft) vorheizen. Backpapier für mehrere Backbleche bereitlegen. Für die Masse beide Nusssorten in einer Pfanne ohne Fett unter Rühren leicht rösten, dann vom Herd nehmen und abkühlen lassen. Die Kuvertüre fein reiben und mit den gerösteten Nüssen mischen.

Die Kardamomkapseln im Mörser fein zerreiben und durchsieben. Die Marzipanrohmasse in Stücke schneiden und mit Kardamom, Orangenschale und Kaffee mischen. 1 Eiweiß mit einer Gabel untermischen, sodass eine geschmeidige Masse entsteht.

Die restlichen Eiweiße steif schlagen und dabei den Zucker nach und nach einrieseln lassen. Ein Drittel des Eischnees mit einem Schneebesen unter die Marzipanmasse rühren. Den restlichen Eischnee und die Kuvertüre-Nuss-Mischung mit einem Teigschaber vorsichtig unterheben.

Mit zwei Teelöffeln von der Masse Häufchen auf die Oblaten setzen und auf die Bleche verteilen. Die Makronen im Ofen ca. 10 Min. backen, ihr Kern soll dann noch weich sein. Herausnehmen, mit dem Backpapier vom Blech ziehen und abkühlen lassen.

Mehr Nuss in einem Plätzchen geht nicht

Makronentartelettes
mit Lemon Curd

WIE GOLDENE JUWELEN FUNKELN DIE KLEINEN TARTELETTES AUF DER KAFFEETAFEL. UND WER SICH IMMER SCHON GEFRAGT HAT, WARUM DIE ENGLÄNDER IHR LEMON CURD SO LIEBEN, MUSS DIESE PLÄTZCHEN NUR PROBIEREN …

Für den Teig
250 g Mehl
1 TL gemahlener Kardamom
je ¼ TL Zimtpulver und frisch geriebene Muskatnuss
80 g Puderzucker
1 Eigelb * 140 g kalte Butter

Für die Marzipanmasse
250 g Marzipanrohmasse
1 Ei * 1 Eigelb
abgeriebene Schale von je 1 unbehandelten Limette und Zitrone
3 cl Mandellikör (z. B. Amaretto)
40 g gemahlene geschälte Mandeln

Was Sie außerdem brauchen

Für den Teig das Mehl sieben, mit Gewürzen und Puderzucker mischen und auf die Arbeitsfläche häufen. In die Mitte eine Mulde drücken und das Eigelb hineingeben. Die kalte Butter in Flöckchen rundherum auf dem Mehlrand verteilen und alles rasch verkneten. Den Teig zu einer Platte formen, in Frischhaltefolie wickeln und 1–2 Std. kühl stellen.

Inzwischen für die Marzipanmasse das Marzipan grob zerkleinern und in einer Schüssel mit Ei, Eigelb, Limetten- und Zitronenschale sowie Likör hell aufschlagen. Mandeln unterrühren und die Masse in einen Spritzbeutel (mit kleiner Sterntülle) füllen.

Den Backofen auf 160° (Umluft) vorheizen. Backpapier für mehrere Backbleche bereitlegen. Den Teig auf der bemehlten Arbeitsfläche 3–4 mm dünn

ausrollen, Plätzchen ausstechen und auf die Bleche setzen. Mit der Marzipanmasse jeweils außen einen geschlossenen Ring aus kleinen Tupfen aufsetzen. Die Plätzchen im Ofen in 10–12 Min. goldgelb backen. Herausnehmen, mit dem Backpapier vom Blech ziehen und abkühlen lassen.

Für die Füllung in einem kleinen Topf Lemon Curd mit Gelierzucker, Limettensaft und -schale bei mittlerer Hitze zähflüssig einkochen lassen. Die Makronenringe damit füllen und auf Backpapier abkühlen lassen. Anschließend mit Puderzucker bestäuben. Die Tartelettes sind max. 1 Woche haltbar.

Für die Füllung

300 g Lemon Curd
100 Gelierzucker (1:3)
Saft und abgeriebene Schale von 1 unbehandelten Limette
Puderzucker zum Bestäuben

Außerdem

Mehl für die Arbeitsfläche
runder Ausstecher (ca. 5 cm ∅)

Zubereitung: ca. 1 Std.
Kühlen: 1–2 Std
Backen: 10–12 Min.
Für ca. 30 Stück

Sofort naschen

Schokokekse
mit Nougatfüllung

OH, DU FRÖHLICHE! VIELE MEINER FREUNDE JUBELN, WENN ICH DIESE KEKSE MITBRINGE. DIE NOUGAT-FÜLLUNG ZERGEHT AUF DER ZUNGE, UND DIE KNUSPRIGEN KOKOSCHIPS SIND EIN TOLLER KONTRAST DAZU.

Für die Masse
175 g wachsweiche, aber nicht flüssige Butter
150 g Puderzucker
1 EL Vanillezucker (Seite 71)
3 Eigelb
225 g Mehl
1 Msp. Backpulver
25 g Kakaopulver (entölt)
40 g Kokoschips

Für die Füllung
40 g Haselnusskerne
125 g Nuss-Nougat-Masse
60 g weiche Butter
1 ½ cl Haselnuss-Schnaps

Zubereitung: ca. 1 Std.
Backen: 10–12 Min.
Für ca. 35 Stück

Den Backofen auf 175° (Umluft) vorheizen. Mehrere Backbleche mit Backpapier auslegen. Für die Masse die weiche Butter mit Zucker, Vanillezucker und Eigelben mit den Schneebesen des Handrührgeräts hell aufschlagen. Mehl mit Backpulver und Kakao sieben, zügig unter die Butter-Eigelb-Masse rühren. Es soll eine weiche Masse wie für Spritzgebäck entstehen.

Die Masse in einen Spritzbeutel mit Lochtülle (ca. 15 mm ∅) füllen, Häufchen (2–2 ½ cm ∅) nebeneinander auf die Bleche spritzen und einige Kokoschips oben hineinstecken. Die Schokokekse im Ofen 10–12 Min. backen. Herausnehmen, mit dem Backpapier vom Blech ziehen und abkühlen lassen.

Inzwischen für die Füllung die Haselnüsse sehr fein hacken und in einer Pfanne ohne Fett unter Rühren leicht rösten, vom Herd nehmen und abkühlen lassen. Die Nougatmasse mit weicher Butter, Haselnüssen und Schnaps mit den Schneebesen des Handrührgeräts hell aufschlagen.

Mit einem Teelöffel jeweils etwas Füllung auf einen Keks setzen und mit einem zweiten Keks zusammensetzen. Die gefüllten Schokokekse zum Trocknen kühl stellen, sie sind max. 1 Woche haltbar.

Profi-Tipp

Wenn Sie das Kokosaroma der Kekse stärker betonen möchten, können Sie statt Schnaps auch Kokoslikör verwenden.

Rosa Pfeffer trifft Schokolade

DAS SIND PLÄTZCHEN ZUM DAHINSCHMELZEN – NICHT NUR WEGEN DER VIELEN SCHOKOLADE. AUCH WEGEN DES ROSA PFEFFERS, DER ÜBERHAUPT NICHT SCHARF SCHMECKT: ER HAT EIN FEINES BLÜTENAROMA, DAS PERFEKT MIT SÜSSEM HARMONIERT.

Für die Masse

170 g Zartbitterkuvertüre (mind. 60 % Kakaoanteil)
4 Eiweiß
140 g Zucker
280 g gemahlene ungeschälte Mandeln

Für die Deko

300 g Zartbitterkuvertüre (mind. 60 % Kakaoanteil)
30 ml Haselnussöl
20 g rosa Pfefferkörner
50 g Rohkakaosplitter (Cru de cacao) oder fein gehackte Bitterkuvertüre (70–99 % Kakaoanteil)

Außerdem

ca. 50 kleine Backoblaten (4 cm ∅)

Zubereitung: ca. 40 Min.
Backen: 4 × 10–12 Min.
Für ca. 50 Stück

Den Backofen auf 175° (Ober-/Unterhitze) vorheizen. Backpapier für vier Backbleche bereitlegen. Für die Masse die Kuvertüre fein reiben. Die Eiweiße mit 110 g Zucker mit den Schneebesen des Handrührgeräts oder der Küchenmaschine steif schlagen. Übrigen Zucker, Kuvertüre und Mandeln mischen und mit einem Teigschaber vorsichtig unterheben.

Die Baisermasse in einen Spritzbeutel mit Lochtülle (ca. 12 mm ∅) füllen und auf die Oblaten kleine Tupfen spritzen. Die Makronen nebeneinander auf die Bleche setzen und nacheinander im Ofen (Mitte) 10–12 Min. backen. Herausnehmen, mit dem Backpapier vom Blech ziehen und abkühlen lassen.

Inzwischen für die Deko die Kuvertüre hacken und in einer Edelstahlschüssel über dem heißen Wasserbad schmelzen (Seite 11). Das Öl gleichmäßig in die Kuvertüre einrühren, es sollten keine Schlieren zu sehen sein. Die abgekühlten Makronen jeweils an der Oblate festhalten und mit der Oberseite in das Schokoladenbad tauchen. Auf Backpapier setzen und mit rosa Pfefferkörnern und Kakaosplittern dekorieren, dann trocknen lassen. Übrige Kuvertüre kühl aufbewahren und wieder verwenden.

Besonders lecker

Kuvertüre mit 10 Tropfen Orangenöl oder abgeriebener Schale von ½ unbehandelten Orange aromatisieren. Prima zu rosa Pfeffer!

Einfach klassisch

Baiserringe mit Zuckerperlen

ALS MEINE OMA EIN KIND WAR, WURDE DER CHRISTBAUM MIT SELBST GEBACKENEN PLÄTZCHEN DEKORIERT. WIE SCHÖN, DASS DIESER ALTE BRAUCH WIEDER »IN« IST. AN DEM SÜSSEN KUGEL-ERSATZ HABEN NICHT NUR DIE KLEINEN IHRE FREUDE.

Für die Masse

150 g Zucker
3 Eiweiß (95 g)
abgeriebene Schale von 2 unbehandelten Zitronen

Für die Deko

bunte Zuckerperlen
bunte Bänder zum Aufhängen

Zubereitung: ca. 30 Min.
Trocknen: ca. 2 Std.
Für ca. 20 Stück

Für die Masse den Backofen auf 80° (Umluft) vorheizen. Backpapier für mehrere Backbleche bereitlegen. Den Zucker in einem kleinen Topf mit 40 ml Wasser auf 118° erhitzen (Speisethermometer!).

Inzwischen die Eiweiße mit den Schneebesen des Handrührgeräts halbsteif schlagen, es soll aber nicht zu steif werden. Die Zitronenschale kurz unterrühren. Den 118° heißen Zuckersirup in dünnem Strahl unter Rühren in den Eischnee laufen lassen.

Die Baisermasse in einen Spritzbeutel mit Loch- oder Sterntülle (ca. 10 mm ∅) füllen und Ringe oder auch Herzen beziehungsweise Sterne auf die Bleche spritzen. Die Baisers mit Zuckerperlen bestreuen und im Ofen ca. 2 Std. trocknen lassen. Dabei gegebenenfalls die Ofentür mit einem gefalteten Küchentuch einen Spalt breit offen halten. Nach Belieben die Baisers noch über Nacht im ausgeschalteten Ofen weitertrocknen lassen.

Die Baisers aus dem Ofen nehmen, mit dem Backpapier vom Blech ziehen und ruhen lassen. Dann mit hübschen Schleifen versehen, sodass die Baisers aufgehängt werden können.

Deko-Tipp

Die Baisers sind ein hübscher Baumschmuck – wer's bunt mag, färbt die Baisermasse mit Lebensmittelfarbe pastellig!

Von Hand geformt

WENN DIE TAGE KÜRZER UND DIE ABENDE GEMÜTLICH LANG WERDEN, KOMMT RICHTIG SCHWUNG IN DIE BACKSTUBE: TEIGKUGELN WERDEN ZU KIPFERLN UND KRAPFERLN GEDREHT ODER LIEBEVOLL ZU SCHLEIFCHEN UND HÖRNCHEN GEFORMT. UND WEIL WIR UNS SO AUF WEISSE WEIHNACHTEN FREUEN, RIESELT DER PUDERZUCKERSCHNEE!

Vanillekipferl
nach Großmutters Art

WENN ES NACH MIR GINGE, HÄTTEN VANILLEKIPFERL IMMER SAISON. ICH BIN FAST SÜCHTIG NACH DIESEN PLÄTZCHEN. DAMIT SIE IM ADVENT BESONDERS GUT SCHMECKEN, SOLLTEN SIE SIE UNBEDINGT MIT SELBST GEMACHTEM VANILLEZUCKER ZUBEREITEN.

Für den Teig
200 g Mehl
70 g Zucker
2 EL Vanillezucker (siehe Tipp)
100 g gemahlene ungeschälte Mandeln
2 Eigelb
150 g kalte Butter

Für die Deko
500 g Vanillezucker zum Wälzen

Außerdem
Mehl für die Arbeitsfläche

Zubereitung: ca. 45 Min.
Backen: 6–8 Min.
Für ca. 30 Stück

Den Backofen auf 175° (Umluft) vorheizen. Backpapier für mehrere Backbleche bereitlegen. Für den Teig das Mehl sieben und mit Zucker, Vanillezucker und Mandeln mischen. Auf die Arbeitsfläche häufen, in die Mitte eine Mulde drücken und die Eigelbe hineingeben. Die kalte Butter in Flöckchen schneiden und rundherum auf dem Mehlrand verteilen. Alle Zutaten rasch zu einem Mürbeteig verkneten.

Den Teig auf der bemehlten Arbeitsfläche zu ca. 3 cm dicken Rollen formen und diese in ca. 1 cm breite Scheiben schneiden. Aus den Scheiben zwischen den Händen Kipferl rollen und auf die Bleche setzen. Im Ofen auf Sicht in 6–8 Min. goldgelb backen.

Inzwischen den Vanillezucker auf einer flachen Platte verteilen. Die Kipferl aus dem Ofen nehmen, noch heiß im Vanillezucker wälzen und im Zuckerbad abkühlen lassen. In Blechdosen lagern.

Profi-Tipp

Für selbst gemachten Vanillezucker mahle ich ausgekratzte, getrocknete Schoten mit viel Zucker im Mixer.

Husarenkrapferl

mit Hagebuttenmark

DIE HUSARENKRAPFERL SIND EBENFALLS EIN ALTES FAMILIENREZEPT, TRADITIONELL KOMMT HAGEBUTTENMARK IN DIE MITTE. ICH FINDE, SEINE FEINE SÄURE HARMONIERT WUNDERBAR MIT DEM SAMTIGEN MÜRBETEIG.

Für den Teig

170 g Mehl
70 g Zucker
2 Eigelb
140 g weiche Butter

Für die Deko

100 g rote Konfitüre oder Hagebuttenmark (siehe Tipp)

Zubereitung: ca. 30 Min.
Backen: 6–7 Min.
Für 40–50 Stück

Den Backofen auf 170° (Umluft) vorheizen. Backpapier für mehrere Backbleche bereitlegen. Für den Teig das Mehl sieben und mit dem Zucker mischen. Auf die Arbeitsfläche häufen, in die Mitte eine Mulde drücken und die Eigelbe hineingeben. Die weiche Butter in Flöckchen schneiden und rundherum auf dem Mehlrand verteilen. Alles mit den Händen rasch zu einem Mürbeteig verkneten.

Aus dem Mürbeteig mit den Händen kleine Kugeln (1 ½ – 2 cm ∅) formen, auf die Bleche setzen und jeweils eine kleine Mulde in die Mitte der Kugeln drücken. Dafür am besten den Stiel eines Holzkochlöffels verwenden.

Die Teigmulden jeweils mit etwas Konfitüre oder Hagebuttenmark füllen und die Husarenkrapferl im Ofen auf Sicht in 6–7 Min. goldgelb backen. Herausnehmen, mit dem Backpapier vom Blech ziehen und abkühlen lassen.

Gewusst wie

Für 300 ml Hagebuttenmark 500 g Hagebutten putzen, waschen und mit 400 ml Wasser ca. 1 Std. kochen. Durch ein Sieb passieren, bei Bedarf mit etwas Wasser verdünnen. Das Mus abwiegen und mit Gelierzucker (1:1, ca. 160 g) unter Rühren 5 Min. kochen. In ein sauberes Glas füllen. Gekühlt ist es mind. 4 Wochen haltbar.

Sofort naschen

Koriandertaler
mit Kardamom

DIESE PLÄTZCHENTALER WERDEN EHER GETROCKNET ALS GEBACKEN. ICH LASSE SIE BEI KLEINER HITZE IM OFEN LANGSAM KNUSPRIG WERDEN. DAS ERGEBNIS SIND HIMMLISCH WÜRZIGE SCHOKOTRÄUME, DIE AM GAUMEN ZERGEHEN!

Für den Teig
50 g Zartbitterkuvertüre (mind. 60 % Kakaoanteil)
2 Kardamomkapseln
4 g Korianderkörner
50 g Mehl
50 g gemahlene ungeschälte Mandeln
50 g weiche Butter • 60 g Zucker
2 kleine Eiweiß (50 g)

Für die Deko
100 g Rohkakaosplitter (Cru de cacao) oder fein gehackte Bitterkuvertüre (70–99 % Kakaoanteil)

Außerdem
Mehl für die Arbeitsfläche

Zubereitung: ca. 30 Min.
Backen: ca. 12 Min.
Für 30–35 Stück

Den Backofen auf 165° (Umluft) vorheizen. Backpapier für mehrere Backbleche bereitlegen. Für den Teig die Kuvertüre fein reiben. Die Kardamomkapseln und die Korianderkörner im Mörser fein zerreiben und durch ein Sieb geben. Das Mehl sieben und mit Mandeln und geriebener Kuvertüre mischen.

Die weiche Butter mit den Schneebesen des Handrührgeräts hell aufschlagen. Zucker, Gewürze und Eiweiße dazugeben und alles gut unterrühren. Dann die Kuvertüre-Mandel-Mischung dazugeben, alles kurz verrühren und die Masse auf die nur leicht bemehlte Arbeitsfläche geben. Alles mit den Händen rasch zu einem feinen Mürbeteig kneten.

Aus dem Teig mit den Fingern etwa haselnussgroße Kugeln formen und in den Kakaosplittern wälzen. Die fertigen Kugeln auf die Bleche setzen und im Ofen ca. 12 Min. backen, sie zerlaufen dabei etwas. Herausnehmen, mit dem Backpapier vom Blech ziehen und abkühlen lassen.

Mit-Liebe-Tipp

Dieser Traum aus Schokolade und Gewürzen ist ein echter Seelentröster, wenn's draußen kalt und dunkel ist!

Anisschleifchen
mit Schwipsglasur

WEIL SIE SO WUNDERBAR AROMATISCH SIND, FINDE ICH DIESE SCHLEIFCHEN EINFACH UNWIDERSTEHLICH! UND IHRE FORM WECKT SCHON MAL DIE VORFREUDE AUFS GESCHENKEAUSPACKEN.

Für den Teig
200 g Mehl * 50 g Speisestärke
1 gestr. TL Backpulver
75 g Zucker
1 TL gemahlener Anis
1 Msp. gemahlener Kardamom
1 Ei * 75 g kalte Butter
50 g Sahne

Für die Deko
150 g Puderzucker
3 EL Kirschwasser
2 EL Zitronensaft
Silberperlen (nach Belieben)

Was Sie außerdem brauchen

Für den Teig das Mehl mit der Stärke und dem Backpulver sieben und mit Zucker, Anis und Kardamom mischen. Auf die Arbeitsfläche häufen, in die Mitte eine Mulde drücken und das Ei hineingeben. Die kalte Butter in Flöckchen schneiden und rundherum auf dem Mehlrand verteilen. Die Sahne darüberträufeln und alle Zutaten mit den Händen rasch zu einem Mürbeteig verkneten. Zu einer Platte formen, in Frischhaltefolie wickeln und 1–2 Std. kühl stellen.

Den Backofen auf 170° (Umluft) vorheizen. Zwei Backbleche mit Backpapier auslegen. Den Teig auf wenig Mehl ca. 5 mm dünn zu einem Rechteck (ca. 15 × 50 cm) ausrollen. Dann quer mit Pizzarad und Lineal in Streifen (ca. 1 ½ × 15 cm) schneiden.

Für Kinder

Wenn ich die Schleifchen für Kinder backe, nehme ich statt Schnaps Kirschsaft. Der färbt die Glasur zusätzlich schön rosa! ♥

In die Streifen jeweils einen Knoten drehen und auf die Bleche setzen. Im Ofen in 10–12 Min. goldgelb backen. Herausnehmen, mit dem Backpapier vom Blech ziehen und abkühlen lassen.

Inzwischen für die Deko den Puderzucker sieben und mit Kirschwasser und Zitronensaft glatt rühren. Die abgekühlten Schleifchen mit der Glasur bestreichen, nach Belieben mit Silberperlen belegen und auf Backpapier trocknen lassen.

Außerdem

Mehl für die Arbeitsfläche
Pizza- oder Teigrad und Lineal

Zubereitung: ca. 35 Min.
Kühlen: 1–2 Std.
Backen: 10–12 Min.
Für ca. 35 Stück

Wiener Kaprizen
mit Haselnüssen

KAPRIZIÖSE DIVEN SIND DIESE PLÄTZCHEN ZUM GLÜCK NICHT. IM GEGENTEIL: SIE SIND GANZ LEICHT NACHZUBACKEN UND DAS BESTE MITTEL GEGEN SCHLECHTE LAUNE AN TRISTEN WINTERTAGEN. EIN DANKESCHÖN AN DIE WIENER ZUCKERBÄCKER!

Für den Teig

65 g Zartbitterkuvertüre (mind. 60 % Kakaoanteil)
120 g Mehl
100 g Zucker
60 g gemahlene geschälte Mandeln
3 TL Kakaopulver (entölt)
½ gestr. TL Zimtpulver
abgeriebene Schale von ½ unbehandelten Zitrone
3 Eigelb
140 g weiche Butter

Für die Deko

40 Haselnusskerne
100 g Zucker zum Wälzen

Zubereitung: ca. 30 Min.
Kühlen: 1–2 Std.
Backen: 3 × ca. 12 Min.
Für ca. 40 Stück

Für den Teig die Kuvertüre fein reiben. Das Mehl sieben, mit Kuvertüre, Zucker, Mandeln, Kakao, Zimt und Zitronenschale mischen und auf die Arbeitsfläche häufen. In die Mitte eine Mulde drücken und die Eigelbe hineingeben. Die weiche Butter in Flöckchen schneiden und rundherum auf dem Mehlrand verteilen. Alles mit den Händen rasch zu einem Mürbeteig verkneten. Den Teig zu einer Platte formen, in Frischhaltefolie wickeln und 1–2 Std. kühl stellen.

Inzwischen für die Deko die Haselnüsse in einer Pfanne ohne Fett unter Rühren leicht rösten, vom Herd nehmen und häuten. Dafür die Nüsse in einem Sieb hin- und herschütteln.

Den Backofen auf 160° (Ober-/Unterhitze) vorheizen. Backpapier für drei Backbleche bereitlegen. Den Zucker auf einen flachen Teller geben. Aus dem Teig mit den Händen kleine Kugeln (ca. 1½ cm ∅) formen, im Zucker wälzen und auf die Bleche setzen.

Jeweils 1 Haselnuss in die Mitte drücken und die Kaprizen nacheinander im Ofen (Mitte) ca. 12 Min. backen. Herausnehmen, mit dem Backpapier vom Blech ziehen und abkühlen lassen.

Die sind schneller genascht als gebacken

Orange Noir

mit feiner Zuckerhülle

DER CLOU AN DIESEM GEBÄCK IST DAS ORANGENAROMA. DESHALB VERWENDE ICH DAFÜR GERN EINE ETWAS GRÖSSERE ORANGE MIT DICKER SCHALE – IN DER STECKT NÄMLICH DER VOLLE KÖSTLICHE ORANGENGESCHMACK!

Für den Teig

65 g Zartbitterkuvertüre
(mind. 60 % Kakaoanteil)
4 TL Kakaopulver (entölt)
120 g Mehl
60 g gemahlene geschälte Mandeln
100 g Zucker
abgeriebene Schale von
1 unbehandelten Orange
2 Msp. Zimtpulver
3 Eigelb
140 g weiche Butter

Für die Deko

80 g Zucker
abgeriebene Schale von
1 unbehandelten Orange
1 Eiweiß zum Bestreichen

Zubereitung: ca. 30 Min.
Tiefkühlen: 1–2 Std.
Backen: 10–12 Min.
Für 80–90 Stück

Für den Teig die Kuvertüre fein hacken. Das Kakaopulver und das Mehl sieben, mit Kuvertüre, Mandeln, Zucker, Orangenschale und Zimt mischen und auf die Arbeitsfläche häufen. In die Mitte eine Mulde drücken und die Eigelbe hineingeben.

Die weiche Butter in Flöckchen schneiden und rundherum auf dem Mehlrand verteilen. Alle Zutaten mit den Händen rasch zu einem Mürbeteig verkneten. Den Teig zu mehreren kurzen Rollen (ca. 3 cm ∅) formen, in Frischhaltefolie oder Backpapier wickeln und 1–2 Std. gefrieren lassen.

Den Backofen auf 165° (Umluft) vorheizen. Backpapier für mehrere Backbleche bereitlegen. Für die Deko den Zucker mit der Orangenschale mischen. Die gefrorenen Rollen mit dem verquirlten Eiweiß bestreichen und zügig (!) im Orangenzucker wälzen.

Die Rollen in ca. 5 mm dünne Scheiben schneiden und die Plätzchen auf die Bleche setzen. Im Ofen 10–12 Min. backen. Herausnehmen, mit dem Backpapier vom Blech ziehen und abkühlen lassen.

Verschenk-Tipp
Knusprig und zart – diese besonderen Plätzchen kommen immer gut an! Ich verschenke sie gern in dekorativen Dosen.

Lange haltbar

Schneckerl

mit Backpflaumenmus

WER SCHON FRÜHZEITIG BEGINNEN MÖCHTE, EINEN VORRAT AN WEIHNACHTSGEBÄCK ANZULEGEN – HIER KOMMT DAS IDEALE REZEPT DAFÜR! ÜBRIGENS: DAS PFLAUMENMUS IST SCHNELL GEMACHT UND SCHMECKT VIEL FRUCHTIGER ALS FERTIG GEKAUFTES.

Für das Pflaumenmus

50 g Zucker
100 g getrocknete Soft-Pflaumen
30 g Weinbrand (z. B. Armagnac)

Für den Teig

180 g Mehl
140 g weiche Butter
2 Eigelb
70 g Zucker
abgeriebene Schale von ½ unbehandelten Zitrone
2–3 EL feine Semmelbrösel (25 g)

Außerdem

Mehl für die Arbeitsfläche
1 Eiweiß
2 TL Zitronensaft
Salz

Zubereitung: ca. 35 Min.
Ziehen: ca. 12 Std.
Tiefkühlen: ca. 2 Std.
Backen: 6–8 Min.
Für 50–60 Stück

Am Vortag für das Pflaumenmus Zucker mit 50 ml Wasser und Pflaumen ca. 1 Min. köcheln lassen. Den Weinbrand dazugeben und alles über Nacht einweichen. Am nächsten Tag mit dem Stabmixer pürieren.

Für den Teig das Mehl sieben. Butter mit Eigelben, Zucker und Zitronenschale schaumig rühren. Semmelbrösel und Mehl einrühren und alles erst mit den Schneebesen, anschließend auf der bemehlten Arbeitsfläche mit den Händen verkneten. Den Teig auf der bemehlten Arbeitsfläche ca. 6 mm dünn zu einem Rechteck (ca. 25 × 35 cm) ausrollen und dünn mit dem Pflaumenmus bestreichen. Die Platte von der Längsseite eng aufrollen, halbieren, in Frischhaltefolie wickeln und ca. 2 Std. gefrieren lassen.

Den Backofen auf 175° (Umluft) vorheizen. Backpapier für drei Backbleche bereitlegen. Die Teigrouladen herausnehmen und in 4–6 mm dünne Scheiben schneiden. Die Schneckerl auf die Bleche setzen und im Ofen auf Sicht in 6–8 Min. goldgelb backen. Inzwischen Eiweiß mit Zitronensaft und 1 Prise Salz verquirlen und die Schneckerl nach der Hälfte der Backzeit damit bestreichen. Herausnehmen, mit dem Backpapier vom Blech ziehen und abkühlen lassen.

Mit-Liebe-Tipp

Das Pflaumenmus selbst zu machen lohnt sich: Der Rest schmeckt super mit Frischkäse auf Frühstücksbrötchen!

Streifenhörnchen

mit zweierlei Mürbeteig

WEIHNACHTSBÄCKEREI MACHT JA AUCH DESHALB SO VIEL SPASS, WEIL MAN SEINER FANTASIE FREIEN LAUF LASSEN KANN. DABEI ENTSTEHEN DIE SCHÖNSTEN FORMEN UND EFFEKTE – SO WIE BEI DIESEN DEKORATIVEN TEILCHEN!

Für den hellen Teig

300 g Mehl
100 g Puderzucker
2 EL Vanillezucker (Seite 71)
Salz
abgeriebene Schale von 1 unbehandelten Zitrone
2 Eigelb
200 g kalte Butter

Für den dunklen Teig

10 g Zartbitterkuvertüre (mind. 60 % Kakaoanteil)
4 TL Kakaopulver (entölt)

Was Sie außerdem brauchen

Für den hellen Teig das Mehl sieben, mit Puder- und Vanillezucker, 1 Prise Salz und Zitronenschale mischen und auf die Arbeitsfläche häufen. In die Mitte eine Mulde drücken und die Eigelbe hineingeben. Die kalte Butter in Flöckchen rundherum auf dem Mehlrand verteilen und alles rasch verkneten.

Für den dunklen Teig die Kuvertüre über dem heißen Wasserbad schmelzen (Seite 11). 80 g Teig abnehmen und mit Kakao, 1 TL Wasser und flüssiger Kuvertüre verkneten. Beide Teige zu einer Platte formen, in Frischhaltefolie wickeln und 1–2 Std. kühl stellen.

Inzwischen das Ei trennen. Den hellen Teig auf wenig Mehl 2–3 mm dünn rechteckig ausrollen und mit dem verquirltem Eiweiß bestreichen. Den dunklen

Besonders lecker

Wenig Aufwand, große Wirkung – das liebe ich beim Backen! Die Plätzchen sind knusprig, mürbe und sehr dekorativ!

Teig ebenfalls 2–3 mm dünn rechteckig ausrollen, in 2–3 mm breite Streifen schneiden und quer auf den hellen Teig legen. Mit dem Nudelholz einmal darüberrollen, sodass das Teigrechteck gestreift ist.

Den Ofen auf 175° (Umluft) vorheizen. Backpapier für mehrere Backbleche bereitlegen. Den Teig quer zu den Streifen in ca. 10 cm breite Bahnen schneiden. Aus den Bahnen im Zickzack längs gestreifte Dreiecke (ca. 6 cm Basis) schneiden und von der Basis her aufrollen. Hörnchen auf die Bleche setzen, mit verquirltem Eigelb bestreichen und ca. 15 Min. trocknen. Nochmals mit Eigelb bestreichen, im Ofen auf Sicht 8–10 Min. backen. Herausnehmen, mit dem Backpapier vom Blech ziehen und abkühlen lassen.

Außerdem

1 Ei zum Bestreichen
Mehl für die Arbeitsfläche

Zubereitung: ca. 45 Min.
Kühlen: 1–2 Std.
Trocknen: ca. 15 Min.
Backen: 8–10 Min.
Für ca. 30 Stück

Gerührt und geknetet

SO SCHÖN PLÄTZCHEN ZUR WEIHNACHTSZEIT SIND: JETZT BRAUCHT MAN AUCH NASCHWERK, DAS SICH GUT VORBEREITEN LÄSST. STOLLEN, LEBKUCHEN UND FRÜCHTEBROT BACKT MAN AM BESTEN IM VORAUS. UND WENN DER STRESS ZU GROSS WIRD, KANN MAN AUCH RÜHRTEIG IN HIMMLISCHE SPHÄREN ERHEBEN ...

Kokosmützchen
mit Piña Colada

ÜBERRASCHEN SIE IHRE LIEBEN DOCH MAL MIT KOKOSMAKRONEN, DIE GANZ ANDERS SCHMECKEN ALS VORIGES JAHR! ICH HABE DEM KLASSISCHEN REZEPT MIT ANANAS UND RUM EINE LEICHT EXOTISCHE NOTE GEGEBEN. MERRY CHRISTMAS AUS DER KARIBIK!

Für die Masse
50 g kandierte Ananas
2 Eier
Salz * 150 Zucker
1 ½ EL Vanillezucker (Seite 71)
Saft von ½ Limette
1 EL Rum
300 g Kokosraspel
abgeriebene Schale von
3 unbehandelten Limetten
2 Eiweiß

Für die Deko
100 g weiße Kuvertüre
10 ml Limetten-Olivenöl
ca. 30 silberne Zuckerperlen

Außerdem
ca. 30 Backoblaten (4 cm ∅)

Zubereitung: ca. 45 Min.
Backen: 12–15 Min.
Für ca. 30 Stück

Den Backofen auf 160° (Umluft) vorheizen. Backpapier für mehrere Backbleche bereitlegen. Für die Masse die Ananas in feine Würfel schneiden. Eier in einer Schüssel mit 1 Prise Salz, Zucker, Vanillezucker, Limettensaft und Rum mit den Schneebesen des Handrührgeräts schaumig schlagen. Die Kokosraspeln mit der Ananas und Limettenschale zur Schaummasse geben und unterrühren. Zuletzt die Eiweiße kurz mit einem Teigschaber unterrühren, es soll eine kompakte Masse entstehen.

Von der Kokosmasse jeweils 1 EL abnehmen, mit angefeuchteten Händen zu einer 3–4 cm hohe Kuppel formen und auf eine Oblate setzen. Die Mützchen auf Bleche setzen und im Ofen 12–15 Min. mehr trocknen als backen. Herausnehmen, mit dem Backpapier vom Blech ziehen und abkühlen lassen.

Inzwischen für die Deko die Kuvertüre hacken und in einer Edelstahlschüssel über dem heißen Wasserbad schmelzen (Seite 11). Das Öl gleichmäßig in die Kuvertüre rühren, es sollten keine Schlieren zu sehen sein. Die Mützchen mit der flüssigen Kuvertüre bestreichen, jeweils eine Zuckerperle als »Bommel« aufsetzen und trocknen lassen.

Für Kinder

Für Kinder ersetze ich den Rum durch Ingwersirup und nehme für die Deko bunte Zuckerperlen!

♥

Lebkuchen nach Mama Lisa

NOCH BELIEBTER ALS ELISENLEBKUCHEN SIND IN UNSERER FAMILIE LISA-LEBKUCHEN. ERFUNDEN HAT SIE MEINE MAMA LISA, DIE BEIM BACKEN IMMER SCHON SEHR KREATIV WAR. IHR TRICK: FÜR DEN TEIG VERWENDET SIE BISKUITRESTE.

Für die Masse

4 Eier
150 g Biskuitreste (ersatzweise Tortenboden vom Konditor)
je 25 g Zitronat und Orangeat
200 g Honig • Salz
300 g gemahlene ungeschälte Mandeln
75 g gemahlene Haselnusskerne
5 gestr. TL Lebkuchengewürz (10 g, Seite 9)
2 ½ gestr. TL Hirschhornsalz (5 g)

Für die Deko

250 g Vollmilch- oder Zartbitterkuvertüre
25 ml Haselnussöl

Außerdem

ca. 15 Backoblaten (7 cm ∅)

Zubereitung: ca. 40 Min.
Trocknen: ca. 12 Std.
Backen: 15–20 Min.
Für ca. 15 Stück

Am Vortag Backpapier für mehrere Backbleche bereitlegen. Für die Masse die Eier trennen. Den Kuchenbiskuit grob zerbröseln. Zitronat und Orangeat fein würfeln. Den Honig, falls er sehr fest ist, in einem Topf leicht erwärmen. Die Eiweiße mit 1 Prise Salz steif schlagen. Eigelbe und flüssigen Honig schaumig rühren und Biskuitbrösel, Zitronat, Orangeat, Mandeln, Nüsse und Gewürze dazugeben. Zuletzt den Eischnee mit einem Teigschaber unterheben.

Die Masse mit einem Messer kuppelartig auf die Oblaten streichen, die Lebkuchen auf Bleche setzen und ca. 12 Std. – am besten über Nacht – trocknen lassen. Am nächsten Tag den Backofen auf 170° (Umluft) vorheizen und die Lebkuchen darin 15–20 Min. backen. Herausnehmen und abkühlen lassen.

Inzwischen für die Deko die Kuvertüre hacken und in einer Edelstahlschüssel über dem heißen Wasserbad schmelzen (Seite 11). Das Öl gleichmäßig in die Kuvertüre rühren, dabei sollten keine Schlieren zu sehen sein. Die abgekühlten Lebkuchen in die flüssige Kuvertüre tunken (siehe Tipp) und auf einem Kuchengitter vollständig trocknen lassen. Übrige Kuvertüre kühl aufbewahren und wieder verwenden.

Gewusst wie

Für die perfekte Schokoglasur fasse ich den abgekühlten Lebkuchen mit Daumen und Zeigefinger an der Oblate. Dann tunke ich die Oberseite in die flüssige Kuvertüre, ziehe sie vorsichtig heraus und drehe den Lebkuchen um. So entsteht eine glatte Glasur ohne Kleckern!

Einfach klassisch

Schokowürfel
aus Lebkuchenteig

LEBKUCHEN SIND EIN KLASSIKER – ES GIBT SIE SCHON SEIT JAHRHUNDERTEN. DIESES REZEPT IST ABER GANZ MODERN, SUPERSAFTIG UND SCHNELL GEMACHT. UNSCHLAGBAR: DIE KOMBINATION AUS SCHOKOLADE UND LEBKUCHENGEWÜRZ.

Für den Teig
100 g ungeschälte Mandeln
80 g Zartbitterkuvertüre (mind. 60 % Kakaoanteil)
40 g entrindetes Toastbrot
2 EL Rum * 60 g Butter * 6 Eier
210 g Zucker * 40 g Mehl
1 TL Lebkuchengewürz (Seite 9)
1 Msp. Zimtpulver
1 EL Vanillezucker (Seite 71)

Für die Deko
50 g Mandelblättchen * 1 EL Rum
100 g Aprikosenkonfitüre
300 g Zartbitterkuvertüre (mind. 60 % Kakaoanteil)
30 ml Haselnussöl

Außerdem
Butter und Mehl für die Form

Zubereitung: ca. 40 Min.
Backen: ca. 30 Min.
Für 1 Kastenform (ca. 25 cm, ca. 24 Stück)

Den Backofen auf 165° (Ober-/Unterhitze) vorheizen. Form fetten und mit Mehl ausstäuben. Für den Teig Mandeln grob hacken, Kuvertüre reiben. Weißbrot würfeln und mit Rum beträufeln. Butter zerlassen. 5 Eier trennen und die Eiweiße steif schlagen.

Den Zucker mit den Eigelben und dem übrigen Ei sehr schaumig schlagen. Das Mehl sieben und mit Mandeln, Kuvertüre, Gewürzen und Vanillezucker mischen. Eischnee, Mehlmischung und Brotwürfel abwechselnd in drei Portionen unter die Eigelbmasse heben. Zuletzt flüssige Butter unterziehen. Den Teig in die Form füllen und den Kuchen im Ofen (Mitte) ca. 30 Min. backen. Herausnehmen und in der Form abkühlen lassen. Den Kuchen stürzen, horizontal halbieren und jede Platte in 2 × 6 Würfel schneiden.

Für die Deko Mandeln in einer Pfanne ohne Fett leicht rösten. Rum und Konfitüre mit 2 EL Wasser erhitzen und die Würfel damit bestreichen. Für die Glasur Kuvertüre hacken und über dem heißen Wasserbad schmelzen (Seite 11). Öl gleichmäßig in die Kuvertüre rühren, es sollten keine Schlieren zu sehen sein. Würfel mit Glasur überziehen und mit Mandeln bestreuen. Sie sind max. 1 Woche haltbar.

Besonders lecker

Wer Brownies liebt, wird den Schokowürfeln verfallen – sie sind sozusagen meine weihnachtliche Brownie-Version!

Lebkuchen

mit Schoko und Orange

Für den Teig

100 g Zartbitterkuvertüre (mind. 60 % Kakaoanteil)
2 unbehandelte Orangen
50 g Zitronat
5 Gewürznelken (oder ⅓ TL Nelkenpulver)
170 g Mehl • 4 Eier
250 g Zucker
10 ml Zitronensaft
140 g Mandelstifte
140 g gemahlene Haselnusskerne
2 Msp. Zimtpulver

Für die Deko

140 g Zucker

Außerdem

40–50 Backoblaten (4 cm ∅) oder ca. 24 Backoblaten (7 cm ∅)

Zubereitung: ca. 30 Min.
Backen: 10–12 Min.
Für *40–50 Stück (klein) oder ca. 24 Stück (groß)*

Den Backofen auf 175° (Umluft) vorheizen. Backpapier für mehrere Backbleche bereitlegen. Für den Teig die Kuvertüre hacken und über dem heißen Wasserbad schmelzen (Seite 11). Vom Herd nehmen und leicht abkühlen lassen.

Die Orangen heiß waschen, abtrocknen und dünn (ohne das Weiße!) schälen. 30 g Schale in feine Streifen schneiden. Das Zitronat fein hacken. Die Gewürznelken im Mörser fein zerreiben und durchsieben. Das Mehl sieben.

Die Eier trennen und die Eiweiße mit den Schneebesen des Handrührgeräts steif schlagen. Den Zucker mit Eigelben und Zitronensaft schaumig rühren und nacheinander Mandeln, Haselnüsse, Mehl, Orangenschale und Zitronat untermischen. Nelken und Zimt dazugeben, dann die flüssige Kuvertüre einrühren. Zuletzt den Eischnee mit einem Teigschaber vorsichtig unterheben.

Die Masse mit einem Teelöffel etwa fingerdick auf die Oblaten streichen und die Lebkuchen auf die Bleche setzen. Im Ofen 10–12 Min. backen. Herausnehmen, mit dem Backpapier vom Blech ziehen und vollständig abkühlen lassen.

Inzwischen für die Deko in einem Topf den Zucker mit 80 ml Wasser ca. 5 Min. köcheln lassen. Die abgekühlten Lebkuchen zügig mit dem Zuckerguss bestreichen und auf Backpapier trocknen lassen.

Gehören zu Weihnachten einfach dazu

Mein Liebling

Früchtebrot

von meiner Mama

MEINE MAMA HAT DIESES FRÜCHTEBROT IMMER SCHON ENDE NOVEMBER GEBACKEN. ES PASST NICHT NUR ZUM ADVENTSKAFFEE ODER -TEE, SONDERN SCHMECKT SOGAR ZUM ABSCHLUSS EINES MENÜS – ZUM BEISPIEL ZU WEICHEM KÄSE.

Je 100 g getrocknete Soft-Aprikosen und -Pflaumen
je 150 g getrocknete Soft-Datteln und -Feigen
100 ml Himbeergeist
75 g Haselnusskerne
50 g ungeschälte Mandeln
3 Eier
150 g Zucker
2 EL Zitronensaft
abgeriebene Schale von 1 unbehandelten Zitrone
125 g Mehl • 1 TL Backpulver
1 geh. TL Lebkuchengewürz (Seite 9)

Zubereitung: ca. 30 Min.
Ziehen: ca. 12 Std.
Backen: ca. 1 Std.
Für 1 Kastenform (ca. 25 cm)

Am Vortag die Trockenfrüchte in kleine Würfel schneiden, in einer Schüssel mit dem Himbeergeist mischen und über Nacht ziehen lassen.

Am nächsten Tag den Backofen auf 175° (Umluft) vorheizen. Die Form mit Backpapier auslegen. Die Haselnüsse und die Mandeln grob hacken. Die Eier mit dem Zucker in einer Schüssel mit den Schneebesen des Handrührgeräts schaumig aufschlagen. Zitronensaft und -schale unterrühren.

Danach das Mehl mit dem Backpulver und dem Lebkuchengewürz sieben und nach und nach unter die Eier-Zucker-Masse rühren, bis ein kompakter Teig entstanden ist.

Zuletzt die eingeweichten Trockenfrüchte und die Nüsse unterheben und die Masse in die Form füllen. Das Früchtebrot im Ofen ca. 1 Std. backen. Herausnehmen und auf einem Kuchengitter abkühlen lassen, dann stürzen oder aus der Form nehmen.

Besonders lecker

Am besten schmeckt das Früchtebrot nach ein paar Tagen – dann konnte es schon ein bisschen durchziehen.

Gugelhupf
mit Schokohefeteig

Für den Teig
50 g Haselnusskerne
4 Kardamomkapseln
500 g Mehl
60 g Kakaopulver (entölt)
½ TL Zimtpulver
100 g Zartbitterkuvertüre (mind. 60 % Kakaoanteil)
1 Vanilleschote
200 g weiche Butter
4 Eigelb ✱ 1 Ei
100 g Zucker ✱ Salz
25 g frische Hefe
350–360 ml lauwarme Milch
30 g Rumrosinen
2 EL Rum

Was Sie außerdem brauchen

Für den Teig die Form mit Butter fetten und mit Mehl ausstäuben. Die Haselnüsse grob hacken und in einer Pfanne ohne Fett unter Rühren leicht rösten, vom Herd nehmen und abkühlen lassen. Den Kardamom im Mörser zerreiben und durchsieben. Das Mehl mit Kakao und Gewürzen sieben, die Kuvertüre fein hacken. Die Vanilleschote längs halbieren und das Mark herauskratzen.

Die weiche Butter mit Eigelben, Ei, Zucker und 1 Prise Salz mit den Schneebesen des Handrührgeräts glatt rühren. Die Hefe in 350 ml Milch bröckeln und darin auflösen, dann unter die Buttermasse rühren. Die Mehlmischung dazugeben, falls die Masse zu fest ist, noch 1 EL Milch zugießen. Nüsse, Kuvertüre, Vanillemark, Rumrosinen und Rum hinzufügen und ab jetzt alles mit den Knethaken des Handrührgeräts kneten. Den Hefeteig mit etwas Mehl bestäuben und

Deko-Tipp

Besonders schön wird der Gugelhupf, wenn man die dunkle Glasur mit 40 g weißer Kuvertüre betupft (mit 5 ml Öl schmelzen).

zugedeckt an einem warmen Ort ca. 20 Min. gehen lassen. Danach nochmals mit den Knethaken des Handrührgeräts durchkneten und in die Form setzen. Nochmals zugedeckt 30–40 Min. gehen lassen.

Inzwischen den Backofen auf 165° (Umluft) vorheizen. Den Gugelhupf im Ofen 45–55 Min. backen, dabei ca. 10 Min. vor Backzeitende eine Garprobe machen: Sticht man mit einem Holzstäbchen in den Kuchen, soll nichts daran kleben bleiben. Den Gugelhupf herausnehmen, auf einem Kuchengitter abkühlen lassen und stürzen. Für die Deko die Kuvertüre hacken und in einer Edelstahlschüssel über dem heißen Wasserbad schmelzen (Seite 11). Öl gleichmäßig und ohne Schlieren in die Kuvertüre rühren. Gugelhupf mit der Glasur überziehen, trocknen lassen.

Für die Deko

200 g Zartbitterkuvertüre (mind. 60 % Kakaoanteil)
20 ml Haselnussöl

Außerdem

Butter und Mehl für die Form
Mehl zum Arbeiten

Zubereitung: ca. 30 Min.
Gehen: ca. 1 Std.
Backen: 45–55 Min.
Für 1 Gugelhupfform (ca. 22 cm ∅)

Liegnitzer Bomben
im Muffinblech

Für die Füllung
60 g Sultaninen
je 30 g kandierte Ananas, Orangeat und Zitronat
110 g Marzipanrohmasse
100 g Ananaskonfitüre
2 EL Zitronensaft
1 ½ EL Rum (nach Belieben)

Für den Teig
60 g ungeschälte Mandeln
250 g Mehl • ½ Pck. Backpulver
3 gestr. EL Kakaopulver (entölt)
je ½ Msp Zimt- und Pimentpulver
1 Msp. gemahlener Kardamom
1 EL Honig • 125 g Zucker
75 g Butter • 2 EL Milch
2 ½ EL Rum • 3 Eier

Für die Deko
150 g Vollmilchkuvertüre
15 ml Haselnussöl
Schokospäne und Mandelblättchen (nach Belieben)

Außerdem
Butter und Semmelbrösel für die Förmchen

Zubereitung: ca. 1 Std. 30 Min.
Backen: 25–30 Min.
Für *1 12er-Muffinblech*

Den Backofen auf 180° (Umluft) vorheizen. Die Mulden des Muffinblechs fetten und mit Bröseln ausstreuen. Für die Füllung Sultaninen in heißem Wasser ca. 2 Min. ziehen lassen, abgießen und trocken tupfen. Ananas, Orangeat und Zitronat fein hacken. Marzipan zerpflücken und mit Konfitüre, Zitronensaft und Rum nach Belieben glatt arbeiten, dann die Trockenfrüchte dazugeben.

Für den Teig die Mandeln hacken. Das Mehl mit Backpulver und Kakao sieben und mit den Gewürzen und den Mandeln mischen. In einem Topf den Honig mit 100 g Zucker und Butter zerlassen, vom Herd nehmen und Milch und Rum unterrühren. Eier und übrigen Zucker schaumig schlagen. Die Honigmasse und die Mehl-Mandel-Mischung abwechselnd unter die Eimasse heben.

Den Teig jeweils bis zur Hälfte in die Förmchen füllen. Je 1 EL Füllung in die Mitte setzen und den übrigen Teig darauf verteilen. Die Muffins im Ofen 25–30 Min. backen. Herausnehmen, aus den Mulden lösen und auf einem Kuchengitter abkühlen lassen.

Für die Deko die Kuvertüre hacken und über dem heißen Wasserbad schmelzen (Seite 11). Das Öl gleichmäßig in die Kuvertüre rühren, es sollten keine Schlieren zu sehen sein. Die Muffins mit der Kuvertüre überziehen, nach Belieben mit Schokospänen und Mandelblättchen verzieren und trocknen lassen. Sie sind max. 1 Woche haltbar.

Der Klassiker
hier mal anders

Weihnachtstarte
mit Himbeerkonfitüre

PASSEND ZU DEN FEIERTAGEN TRÄGT DIESE TORTE EIN STERNENKLEID. PATE FÜR DAS REZEPT HAT DIE LINZER TORTE GESTANDEN. KEIN WUNDER, DASS SIE SEIT JAHRHUNDERTEN GELIEBT WIRD, DER FEIN GEWÜRZTE MÜRBETEIG IST EINFACH UNWIDERSTEHLICH!

Für den Teig
3 Gewürznelken
(oder 1 Msp. Nelkenpulver)
1 Vanilleschote
1 Stück Ingwer (ca. 30 g)
100 g Mehl • 100 g Zucker
210 g gemahlene
ungeschälte Mandeln
abgeriebene Schale von
¼ unbehandelten Zitrone
3 Msp. Zimtpulver
2 Eigelb • 210 g kalte Butter

Was Sie außerdem brauchen

Den Backofen auf 170° (Umluft) vorheizen. Die Form mit Butter fetten und mit Mehl ausstäuben. Für den Teig die Nelken im Mörser fein zerreiben und durchsieben. Die Vanilleschote längs halbieren und das Mark herauskratzen. Ingwer schälen und fein reiben.

Das Mehl sieben, mit Zucker, Mandeln, Zitronenschale, Vanillemark, Ingwer und Gewürzen mischen und auf die Arbeitsfläche häufen. In die Mitte eine Mulde drücken und die Eigelbe hineingeben. Die kalte Butter in Flöckchen schneiden, rundherum auf dem Mehlrand verteilen und alles rasch verkneten. Den Teig zu einer Platte formen, ein Viertel des Teigs in Frischhaltefolie wickeln und bis zur Verwendung

Mit-Liebe-Tipp

Prima Plätzchen-Ersatz! In Stücke geschnitten, hält sich die Tarte in einer Blechdose bis zu 1 Woche.

kühl stellen. Den restlichen Teig 10–18 mm dick auf wenig Mehl zu einem Kreis (ca. 26 cm ∅) ausrollen, die Form damit auslegen und einen Rand formen.

Den Tarteboden mit der Konfitüre gleichmäßig dick bestreichen. Dann den kühl gestellten Teig auf der mit Zucker bestreuten Arbeitsfläche ca. 4 mm dünn ausrollen. Mit dem Ausstecher Sterne ausstechen und dekorativ nebeneinander auf die Tarte setzen. Das Eiweiß verquirlen und die Sterne damit bestreichen. Die Tarte im Ofen in 30–35 Min. goldgelb backen. Herausnehmen und kurz in der Form abkühlen lassen. Dann aus der Form lösen und auf einem Kuchengitter vollständig abkühlen lassen.

Für Füllung und Deko

200 g Himbeerkonfitüre
1 Eiweiß zum Bestreichen

Außerdem

Butter und Mehl für die Form
Mehl und Zucker
für die Arbeitsfläche
Ausstecher in Sternform

Zubereitung: ca. 30 Min.
Backen: 30–35 Min.
Für 1 kleine Tarteform (ca. 20 cm ∅)

Sofort naschen

Xmas-Rüblitorte
mit Kürbiskernen

RÜBLIKUCHEN IST WUNDERBAR SÜSS UND SAFTIG – UND LÄSST SICH MIT MARZIPAN UND ORANGENAROMA IM NU ADVENTFEIN MACHEN. WENN DIE TORTE WEIHNACHTEN AUF DEM KAFFEETISCH STEHT, IST DAS FÜR NASCHKATZEN DIE SCHÖNSTE BESCHERUNG!

Für den Teig
250 g Kürbiskerne
5 große Möhren (ca. 300 g)
6 Eiweiß • 120 g Zucker
Salz • 200 g Marzipanrohmasse
5 Eigelb
abgeriebene Schale von
1 unbehandelten Blutorange
6 cl Kirschwasser (ersatzweise
Blutorangensaft)
50 g Mehl • ½ TL Backpulver

Für die Deko
200 g Vollmilchkuvertüre
20 g neutrales Speiseöl
abgeriebene Schale von
½ unbehandelten Blutorange

Außerdem
Butter und Mehl für die Form

Zubereitung: ca. 30 Min.
Backen: 41–43 Min.
Für 1 Springform
(ca. 26 cm ∅)

Den Backofen auf 160° (Umluft) vorheizen. Für den Teig die Kürbiskerne auf einem Backblech verteilen und im Ofen auf Sicht in 6–8 Min. nicht zu dunkel rösten. Herausnehmen, abkühlen lassen und im Blitzhacker fein mahlen. Die Form gründlich fetten und mit Mehl ausstäuben. Möhren schälen und raspeln, es soll ca. 250 g ergeben. Eiweiße mit Zucker und 1 Prise Salz steif schlagen. Die Marzipanrohmasse zerpflücken und mit Eigelben, Orangenschale und Kirschwasser schaumig rühren.

Die Ofentemperatur auf 175° (Umluft) erhöhen. Das Mehl mit dem Backpulver sieben und mit Möhrenraspeln und gemahlenen Kürbiskernen mischen. Abwechselnd mit dem Eischnee unter die Eigelbmasse heben. Den Teig in die Form füllen und den Kuchen im Ofen 35–45 Min. backen. Herausnehmen und in der Form abkühlen lassen, dann stürzen.

Für die Deko Kuvertüre hacken und in einer Edelstahlschüssel über dem heißen Wasserbad schmelzen (Seite 11). Öl und Orangenschale gleichmäßig in die Kuvertüre rühren, dabei sollten keine Schlieren zu sehen sein. Den abgekühlten Kuchen mit der Glasur vollständig überziehen und trocknen lassen.

Supereinfach

Wenig Zeit? Dann können Sie auch eine handelsübliche Schokoladenglasur nehmen. Schöner ist aber die selbst gemachte, weil man sie mit Aromaölen veredeln kann. Wenn man die Teigmenge verdoppelt, kann man die Torte auch gleich als Blechkuchen backen.

Gewürzzwieback
mit Schokolade

UND HIER KOMMT NOCH MAL EIN REZEPT VON MEINER UROMA … SEIT ICH DENKEN KANN, GIBT ES BEI UNS DAHEIM DIESES GEBÄCK IN DER WEIHNACHTSZEIT. HEUTE PACKE ICH ES MIR OFT ALS SNACK EIN, FÜR ZWISCHENDURCH.

Für die Masse
100 g Zartbitterkuvertüre (mind. 60 % Kakaoanteil)
3 Eier
150 g Zucker
2 EL Vanillezucker (Seite 71)
2 EL Milch
50 g Mehl
½ TL Backpulver
30 g gemahlene ungeschälte Mandeln
abgeriebene Schale von ½ unbehandelten Orange
2 TL Lebkuchengewürz (Seite 9)
1 Msp. Zimtpulver
30 g Rosinen

Außerdem
Butter und Mehl für die Form

Zubereitung: ca. 30 Min.
Trocknen: ca. 3 Std. 45 Min.
Backen: ca. 40 Min.
Für 1 Kastenform (ca. 25 cm, ca. 25 Stück)

Den Backofen auf 170° (Umluft) vorheizen. Die Form gründlich fetten und mit Mehl ausstäuben. Für die Masse die Kuvertüre fein reiben. Die Eier mit Zucker und Vanillezucker mit den Schneebesen des Handrührgeräts mind. 10 Min. hellschaumig aufschlagen. Dann die Milch dazugeben und einmal umrühren.

Das Mehl mit Backpulver sieben und mit Mandeln, Orangenschale, Gewürzen und Kuvertüre mischen. Mehlmischung und Rosinen mit einem Teigschaber unter die Eimasse ziehen. In die Form füllen, glatt streichen und den Kuchen im Ofen ca. 40 Min. backen. Herausnehmen, auf einem Kuchengitter ca. 10 Min. abkühlen lassen und danach stürzen.

Die Ofentemperatur auf 100° (Umluft) senken. Den Kuchen noch warm mit einem Sägemesser in ca. 1 cm breite Scheiben schneiden und nebeneinander auf ein Kuchengitter legen. Die Scheiben im Ofen ca. 1 Std. 45 Min. trocknen. Dann den Ofen ausschalten und den Zwieback noch ca. 2 Std. im Ofen lassen, dabei einen Holzkochlöffelstiel oder ein gefaltetes Küchentuch in die Backofentür klemmen, damit die Feuchtigkeit abziehen kann. Anschließend den Zwieback in einer Blechdose aufbewahren.

Auch lecker
für die Kaffeepause

Omas Backschatz

Nusskuchen
mit Kirschen und Zimt

SIEHT DIESER KUCHEN NICHT EINFACH MÄRCHENHAFT GUT AUS? EINE SAHNEKUPPEL SO WEISS WIE SCHNEE, EIN SCHOKOTEIG DUNKEL WIE DIE WINTERNACHT – UND WENN MAN IHN ANSCHNEIDET, LEUCHTEN EINEM KIRSCHEN WIE ROTE CHRISTBAUMKUGELN ENTGEGEN.

Für den Teig

125 g gemahlene Haselnusskerne
100 g Zartbitterkuvertüre (mind. 60 % Kakaoanteil)
½ Pck. Backpulver
100 g zarte Haferflocken
½ TL Zimtpulver
4 Eier
180 g Zucker
200 g weiche Butter
3 EL Rum
500 g gut abgetropfte Sauerkirschen (aus dem Glas)
50 g Mehl

Außerdem

Butter und Mehl für die Form
200 g Sahne * 1–2 EL Rum
Puderzucker und Zimtpulver (nach Belieben)

Zubereitung: ca. 30 Min.
Backen: 45–50 Min.
Für 1 Springform (ca. 28 cm ∅)

Den Backofen auf 175° (Ober-/Unterhitze) vorheizen. Die Form mit Butter fetten und mit Mehl ausstäuben. Für den Teig die Haselnüsse in einer Pfanne ohne Fett unter Rühren leicht rösten, dann vom Herd nehmen und abkühlen lassen.

Die Kuvertüre fein reiben. Das Backpulver sieben und mit Kuvertüre, Haferflocken, Nüssen und Zimt mischen. Die Eier trennen und die Eiweiße mit 80 g Zucker mit den Schneebesen des Handrührgeräts steif schlagen.

Die weiche Butter mit dem restlichen Zucker, dem Rum und den Eigelben schaumig rühren. Den Eischnee daraufsetzen, die Kuvertüre-Haferflocken-Mischung darüberstreuen und alles mit einem Teigschaber unterheben. Die Sauerkirschen kurz im Mehl wälzen und zuletzt unter den Teig heben.

Den Teig in die Form füllen und den Kuchen im Ofen (Mitte) 45–50 Min. backen. Herausnehmen und auf einem Kuchengitter abkühlen lassen, dann stürzen. Am besten mit Weihnachtssahne servieren. Dafür Sahne halbsteif schlagen und mit Rum, etwas Puderzucker und Zimtpulver aromatisieren.

Gewusst wie

Manchmal mache ich gleich die doppelte Menge Nussteig – dann wird's ein Blechkuchen für viele!

Honigkuchentorte
mit Walnussfüllung

Für die Füllung
200 g Walnusskerne
6 Äpfel
100 g Rosinen
3 EL Zucker

Für den Teig
125 g Honig
65 g Butter
2 Eier
125 g Zucker
2 EL Rum
200 g Mehl (Type 550)
2 TL Backpulver
100 g zarte Haferflocken
2 TL Lebkuchengewürz (Seite 9)

Was Sie außerdem brauchen

Den Backofen auf 170° (Umluft) vorheizen. Die Form mit Backpapier auslegen. Für die Füllung Walnüsse hacken und in einer Pfanne ohne Fett rösten, vom Herd nehmen. Die Äpfel schälen, vierteln und entkernen. Die Viertel grob raspeln, falls nötig, in einem Sieb abtropfen lassen und mit Rosinen, der Hälfte der Walnüsse und Zucker mischen. Für den Teig den Honig mit der Butter zerlassen, vom Herd nehmen. Die Eier mit Zucker und Rum schaumig schlagen. Das Mehl mit Backpulver sieben und mit Haferflocken und Lebkuchengewürz mischen. Zuerst die Honigmasse, dann die Haferflockenmischung gleichmäßig unter die Eischaummasse rühren.

Zuerst nur die Hälfte des Teigs in die Form füllen und die Apfelmischung darauf verteilen. Dann den übrigen Teig daraufgeben und glatt streichen. Den Kuchen im Ofen ca. 40 Min. backen. Herausnehmen und auf einem Kuchengitter abkühlen lassen.

Mit-Liebe-Tipp

Diese aufwendige Torte wird bei uns gebacken, wenn sich die ganze Familie Weihnachten unter dem Christbaum versammelt.

Inzwischen für die Deko die übrigen gerösteten Walnüsse mit Puderzucker in einer beschichteten Pfanne leicht karamellisieren, Honig dazugeben. Die klebrige und heiße (Vorsicht!) Masse auf Backpapier ausstreichen und abkühlen lassen, dann grob zerkleinern.

Für die Glasur Kuvertüre hacken und in einer Edelstahlschüssel über dem heißen Wasserbad schmelzen (Seite 11). Das Öl gleichmäßig in die Kuvertüre rühren, es sollten keine Schlieren zu sehen sein. Den abgekühlten Kuchen auf ein Kuchengitter stellen, dünn glasieren und mit den Walnuss-Splittern dekorieren. Trocknen lassen und bis zum Verzehr kühl stellen.

Für die Deko

30 g Puderzucker
½ EL Honig
300 g Vollmilchkuvertüre
30 ml Haselnussöl

Zubereitung: ca. 55 Min.
Backen: ca. 40 Min.
Für 1 Springform
(ca. 28 cm ∅)

Mein Liebling

Früchtebrot

im Hefeteigmantel

HIER UMGIBT DER TEIGMANTEL DAS INNERE WIE EINE SCHÜTZENDE HÜLLE, IN DER SICH DIE WEIHNACHTLICHEN AROMEN WUNDERBAR ENTFALTEN KÖNNEN.

Für die Masse

200 g Kletzen (siehe Tipp)
300 g getrocknete Soft-Pflaumen
je 50 g Weinbeeren, Rosinen und getrocknete Soft-Datteln
30 g Zitronat • 10 g Orangeat
200 g getrocknete Soft-Feigen
50 g Haselnusskerne
20 g ungeschälte Mandeln
20 g Zartbitterkuvertüre (mind. 60 % Kakaoanteil)
5 cl Rum

Außerdem

Öl für die Form
⅓ Rezept Winterhefeteig (Seite 38)
Mehl für die Arbeitsfläche
1 Eigelb zum Bestreichen
Ausstecher in Sternform (2–3 cm ∅, nach Belieben)

Zubereitung: ca. 40 Min.
Ziehen: ca. 12 Std.
Gehen: ca. 1 Std. 20 Min.
Backen: ca. 30 Min.
Für *1 Kastenform* (ca. 30 cm)

Am Vortag für die Masse die Form mit Öl fetten und mit Frischhaltefolie auslegen. Die Kletzen in einem kleinen Topf mit Wasser bedecken und einmal aufkochen lassen, dann abgießen. Alle Trockenfrüchte, Nüsse, Mandeln und Kuvertüre hacken, dann mit dem Rum mischen und in die Form füllen. Dabei alles gut pressen und über Nacht ziehen lassen.

Am nächsten Tag den Hefeteig wie auf Seite 38 beschrieben herstellen und gehen lassen. Ein Backblech mit Backpapier auslegen. Hefeteig auf wenig Mehl 4–5 mm dünn zu einem Rechteck (ca. 10 × 30 cm) ausrollen. Die gepresste Früchtemasse stürzen und in den Hefeteig einschlagen. Das Früchtebrot mit der Naht nach unten auf das Blech setzen.

Den restlichen Hefeteig ausrollen, Sterne oder andere Motive ausstechen und auf das Früchtebrot setzen. Oder den Teig zu drei dünnen Schnüren formen, zu einem Zopf flechten und um das Brot legen. Das Brot mit verquirltem Eigelb bestreichen und zugedeckt an einem warmen Ort ca. 30 Min. gehen lassen.

Den Backofen auf 175° (Umluft) vorheizen und das Früchtebrot darin ca. 30 Min. backen. Herausnehmen und auf einem Kuchengitter abkühlen lassen. Es hält sich in Frischhaltefolie 3 bis 4 Tage.

Gewusst wie

Kletzen sind getrocknete Birnen. Es gibt sie ab Spätherbst – meist auf Bauern- und Wochenmärkten.

Marzipankuchen

mit gebrannten Mandeln

Für den Teig
½ Vanilleschote
400 g Mehl (Type 550)
21 g frische Hefe (½ Würfel)
240 ml lauwarme Milch
60 g Zucker * 50 g weiche Butter
1 gestr. TL Salz (5 g)
abgeriebene Schale von
½ unbehandelten Zitrone

Für die Mandeln
150 g Mandelblättchen
90 g Zucker
½ gestr. TL Zimtpulver (1 g)
3 Prisen frisch geriebene
Muskatnuss

Was Sie außerdem brauchen

Für den Teig die Vanilleschote längs aufschneiden und das Mark herauskratzen. Das Mehl in eine Schüssel sieben, eine Mulde hineindrücken und die Hefe hineinbröckeln. Mit 125 ml Milch, 1 TL Zucker, Vanillemark und Mehl vom Rand verrühren. Zugedeckt an einem warmen Ort ca. 15 Min. gehen lassen.

Dann übrige Milch, übrigen Zucker, Butter in Flöckchen, Salz und Zitronenschale dazugeben und alles zuerst mit den Knethaken des Handrührgeräts, dann auf der Arbeitsfläche mit den Händen verkneten. Den Teig zugedeckt nochmals 45 Min. gehen lassen.

Ein Backblech mit Butter fetten und mit Mehl bestreuen. Den Hefeteig nochmals durchkneten und zugedeckt ca. 15 Min. gehen lassen. Dann auf der bemehlten Arbeitsfläche ausrollen, in das Blech setzen und zugedeckt ca. 1 Std. gehen lassen.

Besonders lecker

So ein Butterkuchen schmeckt mir am allerbesten, wenn er frisch aus dem Ofen kommt und noch lauwarm ist!

Für die Mandeln eine Silikonbackmatte zurechtlegen. Die Mandelblättchen in einer Pfanne leicht anrösten. Zucker mit Zimt und Muskatnuss mischen, über die Mandeln streuen und leicht karamellisieren lassen. Die Masse sofort auf der Silikonbackmatte ausstreichen, abkühlen lassen und grob hacken.

Den Backofen auf 170° (Ober-/Unterhitze) vorheizen. Für den Belag alle Zutaten bis auf das Mehl schaumig aufschlagen. Das Mehl sieben, dazugeben und zügig unterrühren. Die Masse in einen Spritzbeutel mit Lochtülle (ca. 14 mm ∅) füllen. Die Teigplatte mit Milch dünn bestreichen, mit den Fingern kleine Mulden (3–4 cm Abstand) hineindrücken und die Marzipanfüllung in die Mulden verteilen. Den Kuchen im Ofen (Mitte) 30–35 Min. backen. Falls die Mandelblättchen zu dunkel werden, mit Alufolie abdecken. Den Kuchen herausnehmen und auf einem Kuchengitter abkühlen lassen. Zum Servieren mit den gebrannten Mandelblättchen garnieren und in ca. 8 cm große Quadrate schneiden.

Für den Belag

250 g Marzipanrohmasse
100 g weiche Butter
45 g Zucker
45 g Honig
1 Ei (50 g)
abgeriebene Schale von ½ unbehandelten Zitrone
½ EL Vanillezucker (Seite 71)
100 g Mehl
etwas Milch zum Bestreichen

Außerdem

Butter und Mehl für das Blech
Mehl für die Arbeitsfläche

Zubereitung: ca. 1 Std.
Gehen: ca. 2 Std. 15 Min.
Backen: 30–35 Min.
Für 1 Backblech
(ca. 35 × 40 cm, ca. 20 Stück)

Omas Backschatz

Mohnkuchen
mit Backpflaumenmus

MOHN GILT VON ALTERS HER ALS GLÜCKSBRINGER, VIELE BRÄUCHE RANKEN SICH DARUM. IN MANCHEN ALPENTÄLERN ISST MAN MOHNGEBÄCK ZU WEIHNACHTEN. EINE SÜSSE ART, SICH GLÜCK ZU WÜNSCHEN?

Für die Füllung

50 g (Rum-)Rosinen
50 g Mandeln
200 g gemahlener Blaumohn
200 ml Milch
80 g Zucker
1 Rezept Backpflaumenmus (Seite 82)

Für den Teig

500 g Mehl • 25 g frische Hefe
250 ml lauwarme Milch
100 g Zucker • 2 große Prisen Salz
125 g Butter • 3 Eier

Außerdem

Butter und Mehl für die Form
etwas lauwarme Milch
Zucker

Zubereitung: ca. 1 Std. 10 Min.
Gehen: ca. 1 Std. 45 Min.
Ziehen: ca. 12 Std.
Backen: 40 – 50 Min.
Für *1 Kranzform* (ca. 28 cm ∅)

Am Vortag für die Füllung Rosinen und Mandeln grob hacken. In einem Topf Mohn, Milch und Zucker aufkochen, vom Herd nehmen und mit dem Stabmixer kurz pürieren. Mandeln und Rosinen dazugeben und alles zugedeckt über Nacht ziehen lassen. Pflaumenmus wie auf Seite 82 beschrieben herstellen.

Am nächsten Tag für den Teig das Mehl in eine Schüssel sieben, eine Mulde hineindrücken und die Hefe hineinbröckeln. Mit 125 ml Milch, 1 TL Zucker und etwas Mehl vom Rand verrühren. Den Vorteig zugedeckt ca. 15 Min. gehen lassen. Dann restliche Milch, übrigen Zucker, Salz, Butter in Flöckchen und Eier zum Vorteig geben. Alles zuerst mit den Knethaken des Handrührgeräts, dann mit den Händen glatt kneten. Noch ca. 30 Min. gehen lassen.

Den Backofen auf 170° (Umluft) vorheizen. Die Form mit Butter sehr gut fetten und mit Mehl ausstäuben. Die Hälfte des Teigs mit einem Löffel in der Form verteilen. Die Mohnmasse und das Pflaumenmus gleichmäßig darüber verteilen. Übrigen Teig daraufgeben und den Kuchen zugedeckt ca. 1 Std. gehen lassen. Milch mit 1 Prise Zucker verrühren und den Kuchen damit bestreichen. Im Ofen 40 – 50 Min. backen. Herausnehmen und abkühlen lassen.

Supereinfach

Man kann den Kuchen auch in einer Springform (ca. 26 cm ∅) backen, dazu wie beschrieben zusammensetzen!

Feiner Stollen

mit Marzipanfüllung

Für den Teig
300 g Mehl (Type 550)
21 g frische Hefe (½ Würfel)
100 ml lauwarme Milch
35 g Zucker
½ Vanilleschote
150 g weiche Butter
120 g Marzipanrohmasse
1 Eigelb • ½ gestr. TL Salz
abgeriebene Schale von
½ unbehandelten Zitrone

Für Füllung und Deko
1 Eiweiß zum Bestreichen
250 g Marzipanrohmasse
Vanillezucker (Seite 71) zum
Bestreuen
Puderzucker zum Bestäuben

Was Sie außerdem brauchen

Die Backhaube mit Butter fetten und ein Blech mit Backpapier auslegen. Für den Teig das Mehl in eine Schüssel sieben, eine Mulde hineindrücken und die Hefe hineinbröckeln. Mit 50 ml Milch, 1 TL Zucker und etwas Mehl vom Rand verrühren und zugedeckt an einem warmen Ort ca. 30 Min. gehen lassen.

Inzwischen die Vanilleschote längs aufschneiden und das Mark auskratzen. Dann restliche Milch, übrigen Zucker, Butter und Marzipan in Flöckchen, Eigelb, Salz, Vanillemark und Zitronenschale zum Vorteig geben. Alles zuerst mit den Knethaken des Handrührgeräts, dann mit den Händen verkneten. Den Teig zugedeckt ca. 30 Min. gehen lassen.

Den Teig auf der bemehlten Arbeitsfläche zu einem Rechteck (ca. 30 × 38 cm) ausrollen und dünn mit dem verquirlten Eiweiß bestreichen. Das Marzipan auf der mit Puderzucker bestäubten Arbeitsfläche ca. 6 mm dünn ebenfalls zu einem Rechteck (etwas

Profi-Tipp
Weil der Stollen keine Trockenfrüchte enthält, muss er nicht durchziehen, er hält nur 1 Woche!

kleiner als das Teigrechteck) ausrollen und mittig auf den Teig auflegen. Den Teig von der Längsseite aufrollen, mit der Naht auf das Blech setzen und zugedeckt ca. 15 Min. gehen lassen.

Inzwischen den Backofen auf 180° (Ober-/Unterhitze) vorheizen. Die Backhaube auf den Stollen setzen und den Stollen im Ofen (Mitte) 40–55 Min. backen. Etwa 10 Min. vor Ende der Backzeit die Backhaube abnehmen und den Stollen ohne Form fertig backen. Stollen herausnehmen, noch warm mit flüssiger Butter bestreichen und mit Vanillezucker bestreuen. Dann vollständig abkühlen lassen und zuletzt mit Puderzucker bestäuben.

Außerdem

flüssige Butter für die Backhaube und zum Bestreichen
Mehl und Puderzucker für die Arbeitsfläche

Zubereitung: ca. 40 Min.
Gehen: ca. 1 Std. 20 Min.
Backen: 40–55 Min.
Für *1 Stollenbackhaube* (ca. 38 cm)

Zimtwaffeln
mit Quitten-Emulsion

MMH! – WARME WAFFELN, DICK MIT ZUCKER BESTREUT ... DAS IST EINE MEINER FRÜHESTEN KINDHEITSERINNERUNGEN. MIT JEDER WAFFEL, DIE ICH BACKE, HOLE ICH MIR DIESEN SCHÖNEN MOMENT ZURÜCK.

Für die Emulsion

3 Apfel-Quitten
200 ml Weißwein
120 g Zucker
Saft und abgeriebene Schale von 1 unbehandelten Limette
3 Prisen frisch geriebene Muskatnuss
Salz * 150 ml Limetten-Olivenöl

Für den Teig

4 Eier
125 g weiche Butter
125 g Zucker
3 gestr. TL Zimtpulver
100 g Mehl

Außerdem

Butter für das Waffeleisen
Zimtzucker zum Bestreuen

Zubereitung: ca. 10 Min.
Schmoren: ca. 1 Std.
Backen: ca. 1 Min. pro Waffel
Für 6–8 Stück

Für die Emulsion den Backofen auf 140° (Umluft) vorheizen. Die Quitten schälen, entkernen und in ca. 1 cm dicke Spalten schneiden. In eine Auflaufform geben, mit Wein und Zucker mischen und mit Alufolie zugedeckt im Ofen ca. 1 Std. schmoren. Die geschmorten Quitten in einen hohen Rührbecher füllen und mit Limettensaft und -schale, Muskatnuss sowie 1 Prise Salz sehr fein pürieren. Zum Schluss das Öl dazugeben und alles nochmals mixen. Die Emulsion am besten lauwarm servieren.

Für den Teig 2 Eier trennen und die Eiweiße steif schlagen. Die weiche Butter mit den 2 übrigen Eiern und den 2 Eigelben sowie Zucker und Zimt mit den Schneebesen des Handrührgeräts schaumig rühren. Das Mehl sieben und abwechselnd mit dem Eischnee unter die Eimasse rühren.

Das Waffeleisen aufheizen. Die Backflächen mit etwas Butter einpinseln, eine kleine Kelle Teig hineingeben und die Waffel in ca. 1 Min. goldbraun backen. Herausnehmen und auf einem Kuchengitter ausdampfen lassen. Die übrigen Waffeln genauso backen, bis der Teig aufgebraucht ist. Die Waffeln noch heiß mit Zimtzucker bestreut und der Emulsion servieren.

Besonders lecker

Zu den Zimtwaffeln schmeckt auch Backpflaumenmus (Seite 82) oder Lemon Curd.

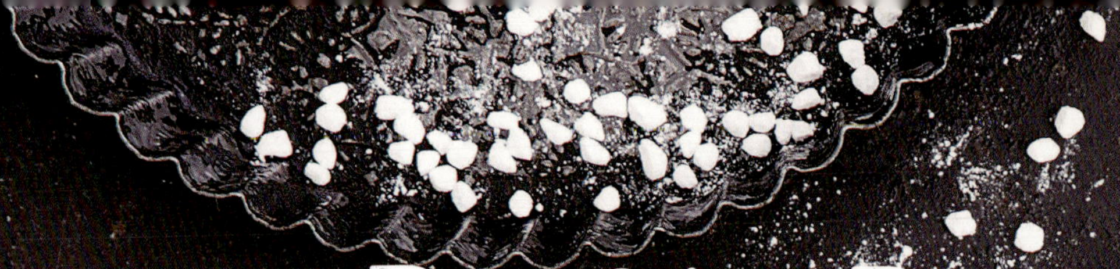

Der feine Rest vom Fest

KRÜMELMONSTER WISSEN ES LÄNGST: DIE RESTE SIND OFT DAS BESTE! MIT KREATIVEN IDEEN WERDEN IM HANDUMDREHEN AUS ÄLTEREN PLÄTZCHEN NEUE SCHÄTZCHEN …

Zimtstern-Knusper-Crunchy

Backofen auf 60° (Umluft) vorheizen. Übrige Zimtsterne und Mürbeteigkekse (am besten nicht gefüllt, Menge nach Geschmack) zerbröseln und auf einem Backblech verteilen. Im Ofen ca. 1 Std. trocknen lassen. Währenddessen einige Trockenfrüchte klein hacken und mit den Bröseln mischen. Zum Servieren mit Vanillequark, Fruchtjoghurt, Lieblingsmüsli und frischem Obst in ein Glas schichten. Ich liebe auch Apfelmus oder Zwetschgenkompott dazu.

Schoko-Crossies mit Keksen

100 g Vollmilchkuvertüre grob hacken und mit 10 ml Haselnussöl schmelzen (Seite 11). 200 g Keks- oder (getrocknete!) Zimtsternbrösel unterziehen, ebenso Nüsse und Trockenfrüchte, die beim Backen übrig geblieben sind. Von der Masse mit zwei Teelöffeln kleine Häufchen auf ein mit Backpapier ausgelegtes Backblech setzen und trocknen lassen.

Bröselboden für Käsekuchen

Ersetzen Sie einfach einen Mürbeteigboden durch einen Bröselboden: 200 g Keksbrösel mit 80 g flüssiger Butter mischen, in eine Springform (ca. 28 cm ∅) verteilen, als Boden fest drücken und kühl stellen. Dann mit Käsecreme wie gewohnt backen.

Zimtstern-
Knusper-
Crunchy
Bröselboden
für Käsekuchen
Schoko-
Crossies
mit Keksen

Xmas-Granatsplitter

Für die Buttercreme 75 g Frischkäse mit 50 g weicher Butter, 2 ½ cl Rum und 50 g Puderzucker hell aufschlagen. 250 – 300 g Stollen- und Makronenreste grob zerkleinern und mit der Buttercreme verrühren, es soll eine feste, formbare Masse entstehen. Die Masse mit den Händen beliebig in Form bringen und ca. 2 Std. im Kühlschrank fest werden lassen. Zum Servieren in Kakaopulver (entölt) wälzen oder mit Schokoladenglasur überziehen (Seite 11). Oder die Masse in kleine Förmchen wie Mini-Gugel-Silikonbackformen drücken und kurz einfrieren. Dann stürzen und mit Schokoladenglasur überziehen.

Weihnachtsgratin

Den Ofen auf 180° (Ober-/Unterhitze) vorheizen. 6 ofenfeste Förmchen (6 – 8 cm ∅) mit Butter fetten und mit Mehl bestäuben. 300 g Makronenreste grob zerkleinern. 100 g Obst (Kirschen, Zwetschgen oder Äpfel) schichtweise mit den Bröseln in die Förmchen füllen. 80 g Quark, 20 g Crème fraîche, 1 EL Zucker, 1 Prise Zimtpulver, abgeriebene Schale von ½ unbehandelten Zitrone und 2 Eigelbe gründlich verquirlen. 2 Eiweiße mit 1 EL Zucker steif schlagen, 1 Prise Salz hinzufügen. 50 g Sahne leicht schlagen. Alles mischen und über die Obst-Knusper-Mischung gießen. Gratins im Ofen (Mitte) ca. 25 Min. backen.

Mousse au Chocolat mit Makronen

100 g Makronenreste fein zerbröseln, mit 2 cl Bittermandellikör (z. B. Amaretto) beträufeln. 25 g Vollmilchkuvertüre und 75 g Zartbitterkuvertüre (mind. 60 % Kakaoanteil) hacken und über dem heißen Wasserbad schmelzen (Seite 11). Vom Herd nehmen und leicht abkühlen lassen. 220 g kalte Sahne steif schlagen, in dünnem Strahl die Kuvertüre unterheben sowie 1 cl Rum zügig hinzufügen. Die Masse mit Makronenbröseln mischen, in Gläser füllen und vor dem Servieren mind. 2 Std. kühl stellen.

Xmas-
Granatsplitter
Weihnachtsgratin
Mousse au Chocolat
mit Makronen

Rezeptregister

Konzept und Projektleitung: Kathrin Ullerich
Lektorat: Kathrin Gritschneder
Redaktionelle Mitarbeit: Katja Mutschelknaus
Korrektorat: Jutta Friedrich
Satz: Uhl + Massopust, Aalen
Innen- und Umschlaggestaltung: independent Medien-Design, Horst Moser, München
Herstellung: Markus Plötz
Repro: Repro Ludwig, Zell am See
Druck und Bindung: Firmengruppe APPL, Wemding
Syndikation: www.jalag-syndication.de
Bildnachweis: Foto S. 7: Jelena Moro, München; alle anderen: Anke Schütz

Titelrezept: Mürbeteigrauten mit Schokoladenklecks, Seite 24

ISBN 978-3-8338-4179-8
1. Auflage 2014

Umwelthinweis:
Dieses Buch ist auf PEFC-zertifiziertem Papier aus nachhaltiger Waldwirtschaft gedruckt.

Die Autorin
Franziska Schweiger ist gelernte Konditorin und Patissière und hat die Leidenschaft fürs Backen von ihrer Oma geerbt. Mit ihrem Mann, dem TV-Koch Andreas Schweiger, führt sie seit 2006 das kleine Sterne-Restaurant Schweiger^2 in München, wo sie über die süßen Köstlichkeiten wacht. Einen ihrer Träume – ein eigenes Backbuch – hat sie sich jetzt erfüllt; bleibt der zweite, ein eigenes kleines Café zu eröffnen.

Die Fotografin
Anke Schütz arbeitet für namhafte Verlage und Zeitschriften in den Bereichen Food und Lifestyle. In ihrem Studio in Buxtehude setzt sie Kulinarisches mit viel Liebe zum Detail in Szene. Bei diesem Buch wurde sie von Diane Dittmer (Foodstyling) und Krisztina Zombori (Styling) unterstützt.

Danksagung der Autorin
DANKE … an meine Familie in Rosenheim und meine Fürstätter Rasselbande. Ohne sie und ihren Glauben an mich und meine Projekte hätte ich es nicht geschafft, heute da zu sein, wo ich jetzt bin. Danke Oma und Mama für Eure Unterstützung, Ehrlichkeit und Liebe! Danke an mein Team im Schweiger^2 in München, meiner Münchner Familie – Ihr haltet mir immer den Rücken frei, seid einfach Spitzenklasse und steht immer hinter mir, egal was kommt!

QUALITÄTS G|U GARANTIE

Liebe Leserin, lieber Leser,
haben wir Ihre Erwartungen erfüllt? Sind Sie mit diesem Buch zufrieden? Haben Sie weitere Fragen zu diesem Thema? Wir freuen uns auf Ihre Rückmeldung, auf Lob, Kritik und Anregungen, damit wir für Sie immer besser werden können.

GRÄFE UND UNZER Verlag
Leserservice
Postfach 86 03 13
81630 München
E-Mail:
leserservice@graefe-und-unzer.de

Telefon: 00800 / 72 37 33 33*
Telefax: 00800 / 50 12 05 44*
Mo–Do: 8.00–18.00 Uhr
Fr: 8.00–16.00 Uhr
(gebührenfrei in D, A, CH)*

Ihr GRÄFE UND UNZER Verlag
Der erste Ratgeberverlag – seit 1722.

Backofenhinweis
Die Backzeiten können je nach Herd variieren. Die Temperaturangaben können bei Gasherden oder Backen mit Umluft oder Ober- und Unterhitze abweichen. Details entnehmen Sie bitte Ihrer Gebrauchsanweisung.

GRÄFE UND UNZER
Ein Unternehmen der
GANSKE VERLAGSGRUPPE